高校组织工作365问

本书编写组　编著

U0359544

清华大学出版社

北　京

图书在版编目（CIP）数据

高校组织工作 365 问 / 本书编写组编著 . —北京：清华大学出版社，2021.10
（2023.11重印）
ISBN 978-7-302-59325-6

Ⅰ.①高⋯　Ⅱ.①本⋯　Ⅲ.①中国共产党 – 高等学校 – 基层组织 – 组织
工作 – 问题解答　Ⅳ.① D267.6-44

中国版本图书馆 CIP 数据核字（2021）第 206973 号

责任编辑：田　晶
封面设计：何凤霞
责任校对：王荣静
责任印制：宋　林

出版发行：清华大学出版社
　　　　　网　　址：http://www.tup.com.cn, http://www.wqbook.com
　　　　　地　　址：北京清华大学学研大厦 A 座　　　邮　编：100084
　　　　　社总机：010-83470000　　　　　　　　　邮　购：010-62786544
　　　　　投稿与读者服务：010-62776969, c-service@tup.tsinghua.edu.cn
　　　　　质量反馈：010-62772015, zhiliang@tup.tsinghua.edu.cn
印 装 者：北京嘉实印刷有限公司
经　　销：全国新华书店
开　　本：148mm×210mm　印　张：6.875　字　数：175 千字
版　　次：2021 年 10 月第 1 版　　　印　次：2023 年 11 月第 4 次印刷
定　　价：29.80 元

产品编号：095184-01

本书编写组

组　长：许庆红

副组长：欧阳沁　梁　静

成　员（以姓氏笔画为序）：

刘文君　刘洪春　时　燚　梁佩锋

蔡英明　熊倪娟

编 写 说 明

　　党的十八大以来，以习近平同志为核心的党中央高度重视党的基层组织建设，要求把全面从严治党落实到每个党支部、每名党员，推动全党形成大抓基层组织建设的良好态势，同时，党的组织法规制度不断完善，为新时代党的组织建设提供了制度保障。本书以习近平新时代中国特色社会主义思想为指导，以党的建设和组织工作有关制度、知识、方法、实务为基础，融入了高校党务工作的实践和经验，较为系统地回答了高校组织工作中的常见问题，旨在为高校组工干部和基层党务工作者提供准确、务实、管用的指导和帮助，也为广大党员和入党积极分子工作学习提供工具书。本书分为基层党组织建设、干部教育监督、党员队伍建设、党员组织关系与党籍管理、党员发展、党费工作六个章节，共 365 个问答。其中，对于清华大学的一些特色工作及经验做法，也专门进行了介绍，供各兄弟高校交流探讨。

　　本书编写围绕坚持和加强党对高校的全面领导，贯彻落实新时代党的建设总要求和新时代党的组织路线，着眼高校院（系）级单位党的组织体系建设和组织制度规范，突出权威性、实用性和针对性，力求做到内容全面、条理清晰、简明实用、通俗易懂。由于时间仓促、水平有限，书中的不足之处真诚欢迎读者提出宝贵意见，我们将不断改进完善。

本书编写组

2021 年 10 月

目　　录

◎ 基层党组织建设

一、院（系）级党组织建设

二、党政换届相关工作

三、党支部建设

◎ 干部教育监督

◎ 党员队伍建设

一、党员教育培训

二、党的组织生活

三、党员权利保障

四、党员监督和组织处置

五、党内表彰

◎ 党员组织关系与党籍管理

一、党员组织关系管理

二、党籍管理

三、党内统计

◎ 党员发展

一、入党积极分子的确定和培养教育

二、发展对象的确定与考察

三、预备党员的接收

四、预备党员的教育、考察与转正

◎ 党费工作

一、党费的收缴

二、党费的使用和管理

◎ 参考文献

◎ 致谢

基层党组织建设

一、院（系）级党组织建设

1.院（系）级党组织的职责有哪些？

院（系）级党组织应当强化政治功能，履行政治责任，保证教学科研管理等各项任务完成，支持本单位行政领导班子和负责人开展工作，健全集体领导、党政分工合作、协调运行的工作机制。主要职责是：

（1）宣传和执行党的路线方针政策以及上级党组织的决议，并为其贯彻落实发挥保证监督作用。

（2）通过党政联席会议，讨论和决定本单位重要事项。召开党组织会议研究决定干部任用、党员队伍建设等党的建设工作。涉及办学方向、教师队伍建设、师生员工切身利益等事项的，应当经党组织研究讨论后，再提交党政联席会议决定。

（3）加强党组织自身建设，建立健全党支部书记工作例会等制度，具体指导党支部开展工作。

（4）领导本单位思想政治工作，加强师德师风建设，落实意识形态工作责任制。把好教师引进、课程建设、教材选用、学术活动等重要工作的政治关。

（5）做好本单位党员、干部的教育管理工作，做好人才的教育引导和联系服务工作。

（6）领导本单位群团组织、学术组织和教职工代表大会。做好统一战线工作。

【参考】《中国共产党普通高等学校基层组织工作条例》（2021年4月16日）第十一条。

2. 党委会会议、党政联席会议一般多长时间召开一次？

《中共中央组织部中共教育部党组关于印发普通高等学校院（系）党委会会议和党政联席会议议事规则示范文本的通知》中指出：党委会会议和党政联席会议均应定期召开，遇有重要情况可以随时召开。

<u>中共北京市委教育工作委员会印发的《关于坚持和完善北京普通高等学校院（系）党组织会议和党政联席会议制度的指导意见（试行）》中指出：院（系）级党组织会议一般每月召开一次，党政联席会议一般每两周召开一次。</u>[1]

【参考】《中共中央组织部中共教育部党组关于印发普通高等学校院（系）党委会会议和党政联席会议议事规则示范文本的通知》（教党〔2020〕51号，2020年10月19日）第一个文本第六条、第二个文本第六条；《关于坚持和完善北京普通高等学校院（系）党组织会议和党政联席会议制度的指导意见（试行）》（京教工〔2018〕38号，2018年7月18日）第二部分。

3. 党委会会议的出席人员包括哪些？

党委会会议的出席人员为院（系）党委委员。

不是党委委员的院（系）行政领导班子成员可以列席党委会会议，不是党委委员的专职组织员一般应列席党委会会议。根据需要，党委书记可以确定其他人员列席会议。

1　对于中共北京市委教育工作委员会的政策要求和清华大学的特色做法，本书中专门用下划线进行了标记，下同。

【参考】《中共中央组织部中共教育部党组关于印发普通高等学校院（系）党委会会议和党政联席会议议事规则示范文本的通知》（教党〔2020〕51号，2020年10月19日）第一个文本第七条。

4. 党委会会议对出席人数有什么要求？由谁主持会议？

党委会会议必须有半数以上委员到会方可召开，讨论决定干部任免等重要事项时，应有三分之二以上委员到会方可召开。党委委员因故不能参加会议的应当在会前向党委书记请假，其意见可以用书面形式表达。

会议由党委书记召集并主持。书记不能参加会议时，可委托副书记召集并主持。

【参考】《中共中央组织部中共教育部党组关于印发普通高等学校院（系）党委会会议和党政联席会议议事规则示范文本的通知》（教党〔2020〕51号，2020年10月19日）第一个文本第六、七、十二条。

5. 哪些事项需要党委会会议表决通过？表决方式有哪些？

审批党支部换届选举结果，讨论党员发展、转正和不合格党员的处置、违纪党员的处理，讨论决定内设各职能部门和所属系（所、中心）等单位负责人的任免等重要事项时，需要党委会会议表决通过。

表决可以根据讨论和决定事项的不同，采用口头、举手、无记名投票或记名投票等方式进行，赞成票超过应到会党委委员半数为通过。未到会党委委员的意见可以用书面形式表达，但不得计入票数。

【参考】《中共中央组织部中共教育部党组关于印发普通高等学校院（系）党委会会议和党政联席会议议事规则示范文本

的通知》（教党〔2020〕51号，2020年10月19日）第一个文本第四、十二条。

6. 党政联席会议的出席人员包括哪些？

党政联席会议的出席人员一般为本单位的党政正、副职干部，包括院（系）党组织书记、副书记、纪委书记，院长（系主任）、副院长（副系主任）。各单位可根据工作需要，由院（系）级党组织书记和院长（系主任）协商确定列席人员。

【参考】《中共中央组织部中共教育部党组关于印发普通高等学校院（系）党委会会议和党政联席会议议事规则示范文本的通知》（教党〔2020〕51号，2020年10月19日）第二个文本第七条。

7. 党政联席会议对出席人数有什么要求？由谁主持会议？

党政联席会议必须有半数以上成员到会方可召开，讨论决定重大事项时，应有三分之二以上成员到会方可召开。党政联席会议成员因故不能参加会议的应当在会前向主持人请假，其意见可以用书面形式表达。根据议题内容，会议由院（系）级党组织书记或院长（系主任）主持。

考虑到原有工作基础，为加强党对高校的全面领导，经中组部和教育部同意，北京高校在贯彻执行时可按照北京市委教育工委已印发的有关规定，结合北京市实际执行。党政联席会议一般由党组织书记主持。

【参考】《中共中央组织部中共教育部党组关于印发普通高等学校院（系）党委会会议和党政联席会议议事规则示范文本的通知》（教党〔2020〕51号，2020年10月19日）第二个文本第六、七、十二条；《关于坚持和完善北京普通高等学校院（系）党组织会议和党政联席会议制度的指导意见（试行）》（京教工

〔2018〕38 号，2018 年 7 月 18 日）第二部分;《中共北京市委组织部中共北京市委教育工作委员会关于修订完善高校院（系）党委会会议和党政联席会议议事规则的通知》（京教工〔2020〕85 号，2020 年 12 月 8 日）。

8. 哪些事项在提交党政联席会议之前须经党委会会议前置讨论?

涉及办学方向、教师队伍建设、师生员工切身利益等事项的，应当经党组织研究讨论后，再提交党政联席会议决定。

应由党委会会议对政治原则、政治立场、政治方向先行把关，再提交党政联席会议讨论决定的事项具体包括:

（1）院（系）发展规划、学科专业建设规划和重要改革举措、重要规章制度的制定修订等重要事项。

（2）学科和专业设置调整、学生培养方案以及课程建设、教学管理、教材编写选用等重要事项。

（3）人才工作规划制定，人才队伍建设，各级各类人才计划人选推荐申报中的重要事项。

（4）学术委员会、教学委员会、教授委员会、学位评定分委员会和其他管理、咨询类组织负责人选任等重要事项。

（5）开展国（境）内外教学、科研和学术交流合作中的重要事项。

（6）教师引进、培养，教学、科研团队建设，教师兼职、访学、进修，参加各类组织和参与学术交流、社会活动中的重要事项。

（7）教职员工的聘用、调动、晋升、考核、职称职级评定、薪酬分配中的重要事项。

（8）院（系）表彰、奖励，上级重要表彰、奖励人选推荐等重要事项。

（9）其他应由党委会会议先行把关，再提交党政联席会议讨论决定的事项。

【参考】《中国共产党普通高等学校基层组织工作条例》（2021年4月16日）第十一条；《中共中央组织部中共教育部党组关于印发普通高等学校院（系）党委会会议和党政联席会议议事规则示范文本的通知》（教党〔2020〕51号，2020年10月19日）第一个文本第五条。

9. 党委会会议、党政联席会议纪要应包括哪些要素？

党委会会议、党政联席会议必须由专人负责记录，会后形成正式纪要。会议纪要应写明时间、地点、主持人、出席人员、请假人员及请假原因、列席人员、记录人以及会议内容等。撰写会议纪要应坚持客观真实的原则，如实反映会议内容，应围绕会议主旨及主要成果进行整理、提炼和概括，重点体现与会人员的集体意志和意向，体现会议的决定和成果。语言应规范简练、详略得当，在描述会议结论时一般采用第三人称，可以"会议"作为表述主体，使用"会议认为""会议决定""会议同意"等惯用语。会议决议可分为以下几种：批准或通过；原则批准或原则通过，按要求作相应修改后实施或发布；暂不形成决议，责成相关负责人或相关单位另行提出意见再行研究；不予批准或不予通过。

会议纪要初稿完成后，一般应征求与会相关人员意见，确认无误后由审定人审定。党委会会议纪要经党委书记审定后印发归档，并按规定做好党务公开工作。党政联席会议纪要经院长（系主任）和党委书记共同审定后印发归档，并按规定做好院（系）务公开工作。对会议决定的事项如需变更、调整，应根据决策程序进行复议。

【参考】《中共中央组织部中共教育部党组关于印发普通高等学校院（系）党委会会议和党政联席会议议事规则示范文本

的通知》(教党〔2020〕51号，2020年10月19日)第一个文本第十三条、第二个文本第十三条;《基层党务工作手册》(人民出版社，2019年1月修订重印)第十一章。

10. 理论学习中心组成员包括哪些? 由谁担任组长?

各单位党组织理论学习中心组成员一般为党委(总支)委员和行政正、副职领导干部。根据学习需要，可邀请有关人员列席。

院(系)级党组织书记担任组长，是第一责任人。主管宣传和思想教育工作的副书记担任副组长，是直接责任人。应设秘书一人，协助组长工作。

【参考】《中国共产党党委(党组)理论学习中心组学习规则》(2017年1月30日，中共中央办公厅)第二章。

11. 理论学习中心组一般应多长时间开展一次集中学习? 可以采用哪些形式?

《中国共产党党委(党组)理论学习中心组学习规则》中要求，理论学习中心组集体学习研讨应当保证学习时间和质量，每年应当集中一定时间学习，每季度不少于1次。

为切实提高领导干部的理论水平和工作能力，清华大学党委要求校系两级理论学习中心组集中学习原则上每月至少一次，全年应不少于10次。理论学习中心组成员因故不能参加集中学习者，要事先请假，并采取适当形式补学。

理论学习中心组学习以集体学习研讨为主，应深入开展学习讨论和互动交流，适当组织专题讲座、辅导报告，也可酌情开展联合学习、实践学习、专题调研等。

【参考】《中国共产党党委(党组)理论学习中心组学习规则》(2017年1月30日，中共中央办公厅)第九、十条;《中共清华大学委员会理论学习中心组学习规则》（2017年8月4日，清华大学党委）第八、九条。

12. 领导班子民主生活会一般多长时间召开一次？

各单位领导班子每年年底应召开一次民主生活会，学校党委根据上级通知精神发布民主生活会的主题和有关工作安排。

领导班子遇到重要或者普遍性问题，出现重大决策失误或者对突发事件处置失当，经纪律检查、巡视和审计发现重要问题，以及发生违纪违法案件等情况的，应当专门召开民主生活会，及时剖析整改。

【参考】《县以上党和国家机关党员领导干部民主生活会若干规定》（2016年12月23日）第七、八条。

13. 领导班子民主生活会前应做好哪些准备工作？

民主生活会前，各单位领导班子成员应根据学校的通知要求制定会议方案，明确会议召开时间、主要议程、出席和列席人员、程序步骤、工作要求等，提前10日报学校党委组织部审核。会前一般应做好以下准备工作：

（1）领导班子成员认真学习党章党规和党的创新理论以及有关文件，提高思想认识，把握标准要求。坚持个人自学与集中学习相结合，会前集中学习不少于1次。

（2）广泛征求师生意见，采取召开座谈会、设置意见箱和网络征询等形式，广泛征求党支部、党代会代表、教代会代表和师生党员群众的意见建议。对征求到的意见建议，领导班子要集体逐项进行分析。

（3）领导班子成员之间互相谈心谈话，交流思想，交换意见，并与分管单位主要负责人、本人组织关系所在党支部的党员代表谈心，也应当接受党员、干部约谈。班子成员互谈之前要认真准备拟提意见，相互沟通思想、指出不足、提出建议，要做好谈心谈话记录。

（4）撰写领导班子对照检查材料和个人发言提纲，查摆问题，进行党性分析，提出整改措施。个人发言提纲应当自己动手撰写，并按规定说明个人有关事项。查摆问题要紧密结合个人思想、学习和工作实际。对照检查要既摆事实讲情况，又进行深刻党性分析，深刻挖掘问题根源。领导班子对照检查材料由主要负责人主持起草，经领导班子会议集体讨论。

各单位确定民主生活会时间后，应及时报党委组织部。学校党委一般将安排校党委委员、纪委委员或党委职能部门负责人参加院（系）级党组织的领导班子民主生活会，并进行督导。

【参考】《县以上党和国家机关党员领导干部民主生活会若干规定》（2016 年 12 月 23 日）第九条；《党务工作 500 问》（党建读物出版社，2019 年 6 月）第 427 问。

14. 领导班子民主生活会对出席人数有什么要求?

党员领导干部均应参加领导班子民主生活会，到会人数必须达到应到会人数的三分之二以上，方可召开。因故缺席的人员应当提交书面发言材料并委托班子成员在会上代为宣读。

【参考】《县以上党和国家机关党员领导干部民主生活会若干规定》（2016 年 12 月 23 日）第七条。

15. 非中共党员的领导干部是否需要参加领导班子民主生活会?

对于非中共党员的领导干部，应邀请他们列席领导班子民主生活会。列席人员可以发言，对领导班子及其成员提出批评或者建议。

【参考】《县以上党和国家机关党员领导干部民主生活会若干规定》（2016年12月23日）第十二条。

16. 领导班子民主生活会上有哪些程序和要求？

民主生活会由领导班子主要负责人主持，一般按以下程序进行：

（1）通报上一次民主生活会整改措施落实情况和本次民主生活会征求意见情况。

（2）主要负责人代表领导班子作对照检查。

（3）领导班子成员逐一进行对照检查，作自我批评，其他成员对其提出批评意见。

（4）主要负责人总结会议情况，提出整改工作要求。

因故缺席人员应当提交书面发言材料。会后，将会议情况和批评意见转告缺席人员。

民主生活会应当直面问题，领导干部应当在会上把自身存在的突出问题说清楚、谈透彻，开展批评和自我批评，明确整改方向。自我批评应当联系实际、针对问题、触及思想。相互批评应当开诚布公指出问题，防止以工作建议代替批评意见。

【参考】《县以上党和国家机关党员领导干部民主生活会若干规定》（2016年12月23日）第十、十一条。

17. 领导班子民主生活会后需要做好哪些工作，提交哪些材料？

领导班子民主生活会应当切实解决问题，针对查找和反映出来的问题，领导班子及其成员应当列出整改清单，制定整改措施，确定整改目标和完成时限。对群众反映强烈的突出问题要进行专项整治。

各单位应在民主生活会召开后15天内，向学校党委组织部提交班子对照检查材料、整改清单及班子成员个人发言提纲、整改清单、谈心谈话记录表等材料电子版，并将民主生活会召开情况在本单位通报，自觉接受党员群众的监督评议。

【参考】《县以上党和国家机关党员领导干部民主生活会若干规定》（2016年12月23日）第十三、十五条。

18. 院（系）干部工作小组应该由哪些人员组成？

为贯彻新时代党的组织路线，坚持党管干部原则，清华大学党委要求院（系）级党组织应成立干部工作小组。院（系）干部工作小组成员一般应包括书记、院长（系主任）、分管教工工作的副书记、纪检委员等。其他单位干部工作小组成员可参照设置。

涉及重要人选推荐、内设各职能部门和所属系（所、中心）等单位负责人选任等有关议题，在党委会研究决定前，应在院（系）干部工作小组进行充分酝酿。

【参考】《清华大学院（系）党委（直属党总支）会议规则（试行）》（2018年9月23日，清华大学党委）第八条。

19. 院（系）内设机构干部任免应在什么会议上研究决定？

院（系）内设机构干部任免应召开院（系）级党组织会议研究决定。党政联席会议不研究审议干部工作。

【参考】《中国共产党普通高等学校基层组织工作条例》（2021年4月16日）第十一条。

20. 院（系）内设机构干部任免有哪些程序和要求？

为进一步规范各单位内设机构换届和干部任免工作，清华大学党委组织部发布《关于规范院（系）所属系（所、中心）等单位换届工作的指导意见》，具体程序和要求如下：

院（系）内设机构（包括但不限于非学校直属的系、研究所、中心等）行政班子一般应在院（系）行政班子换届完成后进行换届，任期与院（系）行政班子任期一致。其干部任免一般应经过启动、动议、民主推荐和考察、人选酝酿、任命等程序。整个过程由院（系）党委负责组织。

（1）启动。内设机构任期届满前，院（系）召开党委会讨论启动内设机构行政班子换届，布置换届工作有关事宜。

（2）动议。院（系）党委同行政班子成员、内设机构行政负责人及教工党支部书记就换届工作安排、职位设置和任职条件等进行沟通，提出初步建议。

（3）民主推荐和考察。由院（系）党办负责，先进行谈话调研推荐，之后召集内设机构全体教职员工参加民主推荐会，到会人数一般应达到三分之二以上。院（系）党委派人主持会议，现场发放和回收民主推荐表。同时安排个别谈话征求意见，主要了解推荐人选德、能、勤、绩、廉各方面的表现和工作实绩。

（4）人选酝酿。院（系）党委应综合分析民主推荐和个别谈话征求意见的结果，并在听取院（系）行政班子成员、现任内设机构行政负责人及党支部意见的基础上，由院（系）干部工作小组研究行政班子拟任人选。

（5）任命。由党委会讨论决定内设机构行政班子的任免并进行任前公示，公示期一般为五个工作日。公示结果不影响任职的，由院（系）党委发布任免通知。

其他单位内设机构和职能部门的干部任免可参照院（系）内设机构干部任免的程序执行。

党支部书记、副书记、委员的任免需符合党支部换届选举工作程序。

【参考】《党政领导干部选拔任用工作条例》（2019年3月修订）；《清华大学院（系）党委（直属党总支）会议规则（试行）》（2018年9月23日）第八条；《关于规范院（系）所属系（所、中心）等单位换届工作的指导意见》（2018年11月28日，清华大学党委组织部）。

21. 党委委员联系党支部有哪些具体要求?

为了加强党委与党支部的沟通、密切联系群众、听取群众意见，推动党支部标准化规范化建设和工作创新，清华大学党委组织部制定《校党委委员、各单位党委（直属党总支）委员联系基层党支部工作实施办法》，要求两级党委委员每人应至少联系 1 个基层党支部，所联系党支部不能为本人所在党支部。校党委委员联系的基层党支部由院（系）级党组织推荐，校党委委员在推荐基础上选择确定。院（系）级党组织委员联系的党支部由院（系）级党组织研究确定，报学校党委组织部备案。

联系党支部的主要任务包括：指导推动党支部建设；每学期参加组织生活不少于 1 次，参加党支部的年度组织生活会并给予点评；每年到所联系党支部讲党课不少于 1 次（时长一般不少于 30 分钟）；主动调研一线情况，与党支部书记、委员开展谈心谈话，广泛听取党员意见等。

【参考】《校党委委员、各单位党委（直属党总支）委员联系基层党支部工作实施办法》（2019 年 3 月 18 日修订，清华大学党委组织部）第二、三条。

22. 党委配备组织员有什么具体要求?

《中国共产党普通高等学校基层组织工作条例》中规定，每个院（系）至少配备 1 至 2 名专职组织员。

为了配齐配强基层党务工作者队伍，清华大学党委要求院（系）级党组织应至少设置 1 名专职组织员，党员人数不足 500 人的单位，组织员可同时承担其他党务工作；超过 500 人的应至少设置 2 名专职党务工作者，其中至少 1 人专职从事组织员工作。

根据工作需要，各单位也可从其他岗位的在职教职工或具有丰富的党务工作和思想政治工作经验的退休老同志中选聘一定数量的兼职组织员。各单位选聘的专兼职组织员名单，应及时报学校党委组织部备案。

【参考】《中国共产党普通高等学校基层组织工作条例》（2021年4月16日）第三十五条；《清华大学组织员队伍管理办法（试行）》（2017年11月27日，清华大学党委）第三、五条。

23. "党员之家"应当配备哪些必要的设施？

为推进"两学一做"学习教育常态化制度化，为基层党组织经常性开展活动提供场所保障，清华大学党委支持院（系）级党组织建设"党员之家"，已经实现了全覆盖。

"党员之家"的相关配套设施一般应包括：外部悬挂"××单位党员之家"牌匾，内部适当位置悬挂党旗党徽或入党誓词；房间使用面积一般不小于20平方米；具有能进行会议座谈、学习讨论的足够数量的桌椅，以及播放音像资料的投影仪、音响；党建报架、党建读物书架；重要文件制度宣传栏、优秀党员宣传栏等。其他配套设施可结合本单位实际情况，本着有效、节约的原则自行设置。

【参考】《关于申请建设"党员之家"的通知》（2017年3月30日，清华大学党委组织部）。

24. 学校党委如何对院（系）级党组织党建工作情况进行评价？

为贯彻落实新时代党的建设总要求，落实党建工作责任制，2018年起，清华大学党委针对院（系）级党组织建立了定量定性相结合的基层党建考核评价体系，每年底开展覆盖全校院（系）级党组织的年度党建评估工作。评价体系分为教学科研单位和非教学科研两大类（主要区别在学生培养方面），包括党委发挥政治核心作用、单位班子建设和干部队伍建设、基层党支部建设和作用发挥、全面从严治党和党风廉政建设、思想政治工作、其他工作6项一级指标，以及20项二级指标、30项测评要素和60余项年度工作观测点（年度工作观测点是在测评要素范围内结合学校党委年度工作重点制定，每年更新）。

党建工作评价结果是院（系）级党组织书记抓基层党建工作述职、干部年度考核的重要参考，也是各单位年度绩效考核评价的重要依据，约占15%。

【参考】《院系（教学科研单位）党建工作评价体系（2020年）》《二级单位（非教学科研单位）党建工作评价体系（2020年）》（2020年7月9日，清华大学党委）。

25. 党旗的规格有几种？

中国共产党党旗为旗面缀有金黄色党徽图案的红旗，党徽为镰刀和锤头组成的图案。党旗的通用规格有5种：

（1）长288厘米，宽192厘米；

（2）长240厘米，宽160厘米；

（3）长192厘米，宽128厘米；

（4）长144厘米，宽96厘米；

（5）长96厘米，宽64厘米。

在特定场合需要使用非通用尺度党旗的，应当按照通用尺度成比例适当放大或者缩小。制作非通用尺度的党旗，应当报学校党委组织部门批准。

【参考】《中国共产党党徽党旗条例》（2021年6月26日）第八、十二条。

26. 哪些场合可以使用党旗？

应当使用党旗的情形包括：

（1）举行新党员入党宣誓仪式，组织党员重温入党誓词；

（2）党内举行重大庆祝、纪念活动；

（3）党的中央和地方委员会及其工作部门、党的中央和地方委员会在特定地域派出的代表机关及其工作部门、党的纪律检查机关、党组的会议室。

可以使用党旗的情形包括：

（1）召开党员大会、党的基层代表大会；

（2）党的基层组织开展主题党日；

（3）党员教育基地、党员先锋岗，以及党群服务中心、党员活动室等基层党组织活动场所；

（4）在重要工作、重要项目攻关和抢险救灾、抗击疫情一线的党组织阵地、党员突击队等；

（5）开展党的对外交往活动。

特殊情形需要同时悬挂党旗和其他旗帜的，应当把党旗置于首要位置。

【参考】《中国共产党党徽党旗条例》（2021 年 6 月 26 日）第九、十条。

27. 哪些场合可以使用党徽和党徽图案？

党的基层委员会召开党员大会或者党员代表大会，根据需要可以悬挂党徽。

下列情形可以使用党徽图案：

（1）党内重要会议、重要活动使用的证件、标识等；

（2）党的各级组织颁发的奖章、徽章、奖状、证书和其他荣誉性文书、证件，制作的有关工作证件等；

（3）党内重要出版物、宣传品等；

（4）党的各级组织的网络网站；

（5）党员教育基地、党员先锋岗、党建宣传栏（墙），以及党群服务中心、党员活动室等基层党组织活动场所；

（6）开展党的对外交往活动。

党徽图案一般使用金黄色或者红色。

在网络、出版物等使用党徽图案，应当置于显著位置。

【参考】《中国共产党党徽党旗条例》（2021 年 6 月 26 日）第五、七、十六条。

28. 党徽党旗在使用时有哪些注意事项？

党徽党旗及其图案不得用于：

（1）商标、授予专利权的外观设计和商业广告；

（2）私人活动；

（3）私人场所、个人网络空间的标识物；

（4）个人日常用品、日常生活的陈设布置；

（5）其他不适宜的场所、情形和环境。

不得在党徽党旗上添加任何文字、符号和图案等，不得使用破损、污损、褪色的党徽党旗，不得制作使用任何不符合规范的党徽党旗。不得倒挂、倒插或者以其他有损党徽党旗尊严的方式升挂、使用党徽党旗。

不得随意丢弃党徽党旗。破损、污损、褪色、标记文字和符号等不符合制作使用规定的党徽党旗，应当按照规定收回、处置。党内举行重大庆祝、纪念活动后，按照谁发放、谁负责的原则，由有关单位收回或者妥善处置活动现场使用的党徽党旗。

【参考】《中国共产党党徽党旗条例》（2021 年 6 月 26 日）第十三、十四条。

29. 党员去世后是否可以在遗体或骨灰盒上覆盖党旗？

党员去世后，经党员组织关系所在单位具有相关审批权限的基层党委同意，可以在其遗体或者骨灰盒上覆盖党旗，但党旗不得触及地面，不得随遗体火化，不得随骨灰盒掩埋。

【参考】《中国共产党党徽党旗条例》（2021年6月26日）第十五条。

二、党政换届相关工作

30. 党委、党总支的任期是如何规定的？

党章规定："党的基层委员会、总支部委员会、支部委员会每届任期三年至五年。"2018年6月，中共中央办公厅印发《关于党的基层组织任期的意见》中指出："党的基层委员会每届任期一般为5年，党的总支部委员会、支部委员会每届任期一般为3年"。

2021年4月，中共中央发布的《中国共产党普通高等学校基层组织工作条例》中明确：高校院（系）级单位根据工作需要和党员人数，经学校党委批准，设立党的基层委员会、总支部委员会、支部委员会。院（系）级党组织每届任期一般为5年。

【参考】《中国共产党普通高等学校基层组织工作条例》（2021年4月16日）第七条。

31. 党委（党总支）能否延期或者提前换届选举？

党委（党总支）任期届满应按期进行换届选举。在特殊情况下，经上级党组织批准，可以延期或者提前进行换届。延期或者提前期限一般不超过1年。

这里的特殊情况指：遇到某些突发性事件或自然灾害必须全力以赴去处理的；任期届满时正好需要集中一段时间完成某项紧迫任务；党组织有严重问题需要整顿的；如期召开党员大会或党员代表大会达不到出席人数要求等。

【参考】《中国共产党基层组织选举工作条例》（2020年7月13日）第三条；《基层党务工作实用手册》（党建读物出版社，2018年10月）第六篇。

32. 党委的届数应如何确定？

由党员代表大会选举产生的委员会累计排列届数。委员会届数应和党员代表大会的次数相对应。由党员大会选举产生的委员会一般不排列届数；原为党员代表大会现为党员大会，其选举产生的委员会不再排列届数。原为党员大会现为党员代表大会，其选举产生的委员会从第一届开始排列。

单位更名，无论所属党组织的隶属关系、管理范围、职责权限是否发生变化，凡召开党员代表大会选举产生的委员会届数均应重新排列。单位名称未变，无论所属党组织的隶属关系、管理范围、职责权限是否发生变化，其召开党员代表大会选举产生的委员会的届数，都应连续排列。

【参考】《基层党务工作实用手册》（党建读物出版社，2018年10月）第六篇。

33. 党委（党总支）换届工作主要有哪些环节？

为了进一步规范院（系）级党组织的换届工作，清华大学党委组织部制作了换届工作培训资料，细化了工作流程，并提供了工作模板。党委（党总支）换届工作按照以下环节进行：

（1）启动布置：召开第一次党委（党总支）会议

（2）委员候选人提名（一下一上）：召开第一次党支部书记

会议

（3）书记、副书记人选民主推荐

（4）委员候选人提名（二下二上）：召开本单位干部工作小组会、第二次党委（党总支）会议、第二次党支部书记会议

（5）沟通酝酿委员候选人：召开本单位干部工作小组会、第三次党委（党总支）会议、第三次党支部书记会议

（6）选举委员：召开党员大会或党员代表大会

（7）书记、副书记人选考察

（8）选举书记、副书记：召开新一届委员会第一次会议

（9）批准换届选举结果和任免

【参考】二级单位换届工作培训资料（2020年9月，清华大学党委组织部）。

34. 院（系）级党组织换届启动布置阶段需要注意哪些问题？

院（系）级党组织换届由各单位党委（直属党总支）负责组织，须在届满两个月之前向学校党委组织部提交书面请示。请示内容应包括上一届起始时间、换届时间安排、党支部和党员基本情况、新一届党委委员人数（党委委员的人数需提前与党委组织部沟通商定）等，如采用党员代表大会的方式，还应写明代表人数。

待党委组织部批复后，应及时召开第一次党委（党总支）会议启动和讨论换届工作安排、研究党委（党总支）工作报告起草事宜。

【参考】《中国共产党基层组织选举工作条例》（2020年7月13日）第三十二条。

35. 书记、副书记及委员人数有什么要求？

党的基层委员会，委员名额一般为5至9人，最多不超过11人；委员会设书记1人，副书记1至2人。党的总支部委员会，

委员名额一般为 5 至 7 人，最多不超过 9 人；委员会设书记 1 人，副书记 1 人。

2021 年 4 月，中共中央发布的《中国共产党普通高等学校基层组织工作条例》中仅对高校党委委员和常委的职数进行了明确，对院（系）级党组织书记、副书记、委员人数没有具体规定，赋予了高校更大的自主权。

【参考】《党组织选举工作手册》（党建读物出版社，2021 年 3 月）第 50、61 项。

36. 如换届采用党员代表大会的方式进行，有哪些特殊的要求？

党员（含预备党员）人数在 500 名以上的院（系）级党委，经学校党委批准，可以召开党员代表大会进行换届选举，因此有代表选举等工作要求。

院（系）级党委提交给学校党委组织部的换届请示中应写明代表数量。召开第一次党委会议启动和讨论换届工作安排时，还需研究确定代表名额分配方案和代表选举办法。

党支部在进行第一轮党委委员候选人提名时，同时进行代表候选人提名工作。

党支部在进行第二轮党委委员候选人提名时，同时进行代表选举工作。

【参考】《中国共产党基层组织选举工作条例》（2020 年 7 月 13 日）第四、十条。

37. 代表名额的确定和分配应注意哪些问题？

院（系）级单位党员代表大会的代表名额一般为 100 名至 200 名。具体名额由本单位党委按照有利于党员了解和直接参与党内事务，有利于讨论决定问题的原则确定，报学校党委批准。

代表名额的分配由本单位党委根据所辖党组织数量、党员人数和代表具有广泛性的原则确定。一般以在职教职工党员为主，离退休党员、学生党员等均要有代表。代表候选人的差额不少于应选人数的20%。

【参考】《中国共产党基层组织选举工作条例》（2020年7月13日）第四条。

38. 第一轮委员候选人提名包括哪些环节？

第一轮委员候选人提名，一般按照"一下一上"程序进行。清华大学的具体做法如下：

"一下"时，院（系）级党组织应召开第一次党支部书记会议，布置党委（党总支）委员候选人提名工作，委员候选人的差额不少于应选人数的20%。需要召开党员代表大会的，同时布置代表候选人提名工作。

第一轮委员候选人提名要充分发扬民主，各党支部全体党员都应参与。各党支部组织党员进行委员候选人提名酝酿，每个党员所提名人数不超过委员候选人人数，提名应注意相对集中。若召开党员代表大会，提名委员候选人的同时需根据分配的代表名额进行代表候选人的提名。

"一上"时，党支部向院（系）级党组织上报第一轮委员候选人被提名人选和提名党员人数。召开党员代表大会的，对代表候选人预备人选进行审核把关后，上报代表候选人预备人选，以获提名党员数为序汇总代表候选人提名情况，按不少于应选代表数的20%差额上报代表候选人预备人选。

院（系）级党组织向学校党委组织部提交换届第一轮委员候选人提名统计结果报告，以获提名党支部数为序汇总委员候选人被提名人选；同时汇总被提名人选的获提名党员人数。

【参考】二级单位换届工作培训资料（2020年9月，清华大学党委组织部）。

39. 第二轮委员候选人提名包括哪些环节?

第二轮委员候选人提名，一般按照"二下二上"程序进行。清华大学的具体做法如下:

"二下"的启动时间，由学校党委组织部与院（系）级党组织联络沟通后确定。"二下"前一般应完成书记、副书记人选的民主推荐环节。党政同时换届的，一般在"二下"前会完成新一届行政干部的任命。

"二下"包括以下环节:各单位先召开干部工作小组会对委员候选人构成及人选进行酝酿讨论;然后召开第二次党委（党总支）会议，根据第一轮提名情况和工作需要对委员候选人构成提出建议，召开党员代表大会的还需审查同意各党支部代表候选人预备人选;之后召开第二次党支部书记会，将第一轮提名汇总名单和委员候选人的构成建议下发各党支部，布置第二轮提名工作。召开党员代表大会的，同时将审查同意的代表候选人预备人选下发各党支部，布置代表选举工作。各党支部组织党员根据第一轮提名汇总名单和委员候选人的构成建议进行第二轮酝酿提名。召开党员代表大会的，各党支部召开党员大会，根据多数选举人的意见确定代表候选人，按无记名投票、直接差额选举的方式选举党员代表大会代表。

"二上"时，党支部将第二轮委员候选人被提名人选及获提名党员数上报院（系）级党组织，召开党员代表大会的同时将本党支部选出的代表报党委审批。院（系）级党组织汇总第二轮委员候选人被提名人选的获提名党支部数和获提名党员数;经各单位干部工作小组会酝酿后，与党委组织部沟通第二轮委员候选人提名情况和委员候选人初步人选。

【参考】二级单位换届工作培训资料（2020 年 9 月，清华大学党委组织部）。

40. 向党支部布置第二轮提名工作时，委员候选人的构成建议一般有哪些?

委员候选人应按照德才兼备、以德为先和班子结构合理的原则提名。清华大学根据党中央精神和上级党组织要求，结合高校工作实际对委员候选人的构成建议进行了细化，一般可以考虑以下几个方面:

（1）为贯彻全国高校思想政治工作会议精神，落实党员行政负责人进入院（系）党组织班子的要求，党员行政负责人建议作为委员候选人提名人选;

（2）为进一步加强"双肩挑"政治辅导员队伍建设，院（系）党委学生工作组组长、研究生工作组组长建议作为委员候选人提名人选;

（3）为更好地体现委员的代表性和发挥委员联系基层作用，应考虑委员候选人提名人选在本单位所属二级单位和教职工党支部中的分布情况;

（4）为使党委能在本单位中心工作中更好地发挥作用，可考虑提名本单位学术带头人或业务骨干中的党员作为委员候选人人选;

（5）从党委班子队伍建设长远考虑出发，应统筹考虑提名人选的年龄结构，可考虑提名优秀年轻党员作为委员候选人人选;

（6）可根据本单位党委组成的传统和工作需要，提出其他建议提名方案。

【参考】《中共中央国务院关于加强和改进新形势下高校思想政治工作的意见》（中发〔2016〕31号）;《清华大学院（系）级单位党委（直属党总支）工作职责规定》（2018年9月23日，清华大学党委）第一部分;《清华大学关于加强和改进新形势下思想政治工作的实施意见》（2017年4月12日，清华大学党委）第七部分第25点。

41. 召开党员代表大会进行选举时，不是代表的正式党员能否被提名为委员候选人？

召开党员代表大会进行选举，在酝酿提名党的委员会委员和纪律检查委员会委员候选人时，不限于从出席本次代表大会的代表中提名。代表大会所属党组织的每一个有被选举权的党员，都可以被提名为委员候选人。

【参考】《党员实用手册（新编本）》（党建读物出版社，2018年1月重印）第40项。

42. 确定委员候选人的沟通酝酿阶段包括哪些环节？

为了切实做好委员候选人的沟通酝酿工作，清华大学党委要求各单位在沟通酝酿阶段要再次召开干部工作小组会，酝酿委员候选人初步人选。就初步人选与学校党委组织部沟通后，召开第三次党委（党总支）会议，按不少于20%差额研究确定委员候选人预备人选名单；讨论修改党委（党总支）工作报告；研究党员大会（党员代表大会）的具体安排。召开党员代表大会的，还需审批代表选举结果。

召开第三次党委（党总支）会议后，向党委组织部上报换届第二轮提名统计结果报告和新一届党委（党总支）委员候选人预备人选名单。

经党委组织部部务会讨论通过，并征求学校纪委意见，批准委员候选人预备人选名单后，院（系）级党组织方可召开第三次党支部书记会，通报委员候选人预备人选名单，以及布置党员大会（党员代表大会）具体工作。

【参考】二级单位换届工作培训资料（2020年9月，清华大学党委组织部）。

43. 如何起草党委换届工作报告?

党委工作报告是对本届党委任期内，本单位党建工作的总结回顾和对未来工作的规划布局，是党员大会（党员代表大会）的重要议程。要重视报告的起草工作，党委书记要亲自主持起草报告。报告初稿形成后要充分听取党支部和党员群众的意见建议，进行反复修改，明晰思路，达成共识。

党委工作报告要有明确的指导思想，要突出党的建设与思想政治工作，要从本单位的实际情况出发，体现本单位的特点。主要内容一般应包括三部分：

（1）回顾和总结党委在任期内的工作，肯定成绩、找出存在的问题（约占三分之二篇幅）；

（2）对本届党委工作的认识、分析、思考和体会（选写）；

（3）提出下一阶段的发展目标和各项具体任务，进行工作部署。

【参考】《党组织选举工作手册》（党建读物出版社，2021年3月）第27项。

44. 党员大会（党员代表大会）召开前应该注意哪些问题?

会前应与学校党委组织部沟通，确定大会时间、地点和参会人员等事宜。党委组织部将安排人员参会。

会前需要准备的文字材料包括：大会议程、选举办法、委员候选人人选简介、委员选票、大会主持词、总监票人主持词、选举计票结果报告单、党委工作报告和党费收缴、使用和管理情况报告。

因为要求有选举权的到会人数不少于应到会人数的五分之四，会议方有效，所以要提前掌握会议出勤率。

【参考】《党组织选举工作手册》（党建读物出版社，2021年3月）第79项。

45. 党员大会（党员代表大会）监票人应如何设置？

党员大会（党员代表大会）选举时，必须设监票人。监票人数量的确定，应本着有利于对选举过程实施有效监督的原则，根据参加选举的人数确定。如果监票人较多，为加强对监票人员的组织协调，一般可设总监票人 1 名，必要时也可设副总监票人 1 名。

监票人应从不是候选人的正式党员（代表）中推荐，经党员大会（党员代表大会）表决通过。总监票人、副总监票人，由党的委员会从监票人中提名，提交党员大会（党员代表大会）表决通过。

【参考】《党务工作 500 问》（党建读物出版社，2019 年 6 月）第 246、247 问。

46. 党员大会（党员代表大会）监票人的职责有哪些？

总监票人的职责包括：主持选举流程；监督选举的全过程；负责审核参加选举的人数、发出选票数和收回选票数，对有争议的选票作出鉴别；审查选举结果并签字，向大会报告正式选举结果。

监票人的职责包括：投票前检查票箱，监督发放选票；投票时监督投票；投票结束后，监督计票人清点选票、计票；计票结束后，审核计票结果并签字。

【参考】《党务工作 500 问》（党建读物出版社，2019 年 6 月）第 246、247 问。

47. 党员大会（党员代表大会）计票人应如何设置？职责有哪些？

党员大会（党员代表大会）选举时，必须设计票人负责计票工作。计票人数量的确定，应本着有利于准确、迅速地统计选举结果的原则，根据参加选举的人数确定。

计票人从会议工作人员或不是候选人的党员中产生，一般每 1 名监票人对应 2 名计票人。计票人名单无需经党员大会（党员代表大会）表决。

计票人的职责包括：分发、清点和统计选票；在计票结果报告单上签字。

【参考】《党务工作 500 问》（党建读物出版社，2019 年 6 月）第 248 问。

48. 党员代表大会召开之前，选出的代表已调离原选举单位，其代表资格是否有效？

党员代表大会召开之前，选出的代表在本级党组织所辖范围以内调动工作的，其代表资格仍然有效。如已调离本级党组织所辖范围，并已将党的组织关系转出，则不能作为代表出席党员代表大会。在这种情况下，如工作需要和条件允许，经上级党委批准，原选举单位可以补选代表。

【参考】《党员实用手册（新编本）》（党建读物出版社，2018 年 1 月重印）第 38 项。

49. 预备党员是否可以参加党员大会（党员代表大会）？

党员享有参加党的有关会议的权利。预备党员可以列席党员大会（党员代表大会），在酝酿讨论候选人时，可以充分发扬民主，广泛听取他们的意见，但预备党员没有表决权、选举权和被选举权，因此，预备党员不能参加大会表决和投票选举。

【参考】《党务工作 500 问》（党建读物出版社，2019 年 6 月）第 243 问。

50. 党员代表大会的列席人员一般应包括哪些?

党员代表大会可以设列席人员（列席人员没有表决权和选举权）。党委会根据工作需要研究确定列席人员名单。清华大学党委根据中央精神，结合高校实际，对各单位党员代表大会列席人员的范围给出如下建议:

（1）未当选代表的党委委员、分纪委委员、党员行政班子成员、院士、离退休党员、学术和管理骨干等。

（2）未当选代表的各党支部书记和委员，教代会代表组组长中的党员，学生工作组组长、研究生工作组组长，部分近年来受学校及以上表彰的优秀共产党员、党务工作者和先进基层党组织负责人。

（3）未当选代表的部分近年来入职的党员教师，新发展的教师党员，团委、研团总支委员和学生会、研究生会负责人中的党员，机关党员骨干等。

（4）各民主党派基层组织负责人和无党派人士代表等。

【参考】《党组织选举工作手册》（党建读物出版社，2021年3月）第44项；二级单位换届工作培训资料（2020年9月，清华大学党委组织部）。

51. 党员大会（党员代表大会）应该由谁担任主持人?

院（系）级党组织党员大会（党员代表大会）一般由党组织副书记担任主持人。

52. 党员大会（党员代表大会）选举的计票期间可以安排什么内容?是否可以先进行选举，在计票期间做党委工作报告?

计票期间可以安排单位工作布置、党支部工作交流、专题辅导报告或观看视频。

为了便于参会人员更好地了解党委任期内的工作，在投票时能够做出客观全面的评价，党委工作报告应安排在选举之前进行，不宜安排在计票期间。

53. 党员大会（党员代表大会）的会场布置有什么要求？

（1）会场需悬挂党旗1面，大小适宜，悬挂于显著位置。

（2）会议名称应悬挂横幅或投影展示，内容为"中国共产党××大学××单位党员大会/第××次党员代表大会"。

（3）准备国歌和国际歌音频，提前调试好音响设备。

（4）准备投票箱1至2个，配有锁和钥匙。如箱体上没有"投票箱"标识，须张贴"投票箱"字样。

（5）准备1套备用票或者打印机、复印机，以备选举无效需要重新选举或者出现票数相等需要再次选举的情况。

【参考】《党组织选举工作手册》（党建读物出版社，2021年3月）第85项。

54. 哪些情况可以不计算在党员大会应到会人数之内？

有选举权的党员因下列情况不能参加选举的，经报学校党委同意，并经党员大会通过，可以不计算在党员大会应到会人数之内：

（1）患有精神病或因其他疾病导致不能表达本人意志的；

（2）出国半年以上的；

（3）年老体弱卧床不起和长期生病、生活不能自理的；

（4）毕业离校，工作调动，外出学习、工作或生活半年以上等，按规定应转出正式组织关系而未转出的。

凡上述情况之外的党员不能参加党员大会进行选举，仍应计算在应到会人数之列。

【参考】《党的基层组织制度建设工作手册（新编本）》（党建读物出版社，2019年3月重印）第80项。

55. 进行选举时，有选举权的到会人数正好为应到会人数的五分之四，会议是否有效？

党员大会（党员代表大会）进行选举时，有选举权的到会人数不少于应到会人数的五分之四，会议有效。因此，有选举权的到会人数正好为应到会人数的五分之四时，会议是有效的。

【参考】《中国共产党基层组织选举工作条例》（2020 年 7 月 13 日）第十九条。

56. 填写选票和投票时应注意哪些问题？

（1）选举人对候选人可以投赞成票或者不赞成票，也可以弃权。符号要准确，字迹要清楚，不得随意涂改。选票填写好以后，选举人要亲自将选票投入指定的票箱。

（2）投不赞成票者可以另选他人。对某位候选人弃权，不作任何标记，也不得另选他人。

（3）每一张选票所选人数，等于或者少于规定应选人数的为有效票，多于规定应选人数的为无效票。

【参考】《中国共产党基层组织选举工作条例》（2020 年 7 月 13 日）第二十五、二十七条。

57. 因故未出席会议的党员或代表能否委托他人投票？

因故未出席会议的党员或者代表不能委托他人代为投票。

党内选举是党内政治生活中的一件大事，全体党员或代表都应参加。只有直接参与酝酿提名候选人和投票选举，才能充分表达选举人的意愿，正确行使党章赋予的神圣权利。

【参考】《中国共产党基层组织选举工作条例》（2020 年 7 月 13 日）第二十四条。

58. 确定当选人时应注意哪些问题?

（1）选举收回的选票数,等于或者少于投票人数,选举有效;多于投票人数,选举无效,应当重新选举。

（2）候选人获得的赞成票超过应到会有选举权人数半数的,始得当选。

（3）获得赞成票超过半数的候选人数多于应选名额时,以得票多少为序,至取足应选名额为止。如遇票数相等不能确定当选人时,应当就票数相等的候选人再次投票,得赞成票多的当选。(例如:委员名额为9人,有10人赞成票超过半数,且排在第9位的有2名候选人A和B,票数相等。此时,应当对A和B再次投票,得票多的当选。)

（4）获得赞成票超过半数的候选人数少于应选名额时,对不足的名额另行选举。如果接近应选名额,经半数以上选举人同意,也可以减少名额,不再进行选举。(例如:委员名额为9人,只有8人赞成票超过半数,此时经半数以上选举人同意,委员人数可以直接减少至8人;如只有7人赞成票超过半数,需要对2个空缺的名额进行选举,应从未当选的候选人中,以得票多少为序,按差额20%的比例确定候选人3名,提交大会举手表决通过后,再进行选举。)具体空缺几个名额时必须另行选举,应当在选举办法中提前说明。

【参考】《中国共产党基层组织选举工作条例》(2020年7月13日)第二十九条。

59. 选举时,获得赞成票正好等于应到会有选举权人数半数的,能否当选?

获得赞成票等于应到会有选举权人数半数的候选人,不能当选。《中国共产党基层组织选举工作条例》明确规定:进行正式选举时,候选人获得的赞成票超过应到会有选举权人数半数的，始得当选。

【参考】《中国共产党基层组织选举工作条例》（2020 年 7 月 13 日）第二十九条。

60. 选举计票结果报告应包括哪些内容？

选举计票结果报告应包括会议出席情况、选票发出回收情况、有效票数量以及候选人得票情况。候选人得票情况包括得赞成票、不赞成票、弃权票和另选他人等，以得赞成票多少为序。

正式选举时，由总监票人向大会报告选举计票结果。

选举计票结果报告由监票人和计票人填写签字，向大会报告后和选票一起由本单位自行保存好。

【参考】《中国共产党基层组织选举工作条例》（2020 年 7 月 13 日）第三十条。

61. 当选人名单应如何排序？由谁来宣布？

当选人名单以姓氏笔画为序排列。当选人名单由会议主持人向大会宣布。

【参考】《中国共产党基层组织选举工作条例》（2020 年 7 月 13 日）第三十一条。

62. 什么时候可以进行书记、副书记选举？

清华大学的做法是，在各单位召开党员大会（党员代表大会）选举产生委员后，学校党委组织部安排对书记、副书记人选进行考察，考察情况报学校干部领导小组讨论酝酿，确定拟任人选并反馈给各单位党委（党总支）后，新一届党委（党总支）方可召开第一次会议选举产生书记、副书记。

【参考】二级单位换届工作培训资料（2020年9月，清华大学党委组织部）。

63. 选举书记、副书记时应注意哪些问题？

选举采用无记名投票方式、等额选举的办法进行。选举工作由学校党委指定的召集人主持。

选票上书记、副书记候选人名单按照学校党委批准的顺序排列。

选举时，实到会的委员不少于应到会委员的五分之四，方可进行选举。赞成票超过应到会委员人数的半数始得当选。

【参考】《中国共产党基层组织选举工作条例》（2020年7月13日）第四章；《党组织选举工作手册》（党建读物出版社，2021年3月）第127项。

64. 党委委员在分工时应注意哪些问题？

院（系）级党组织委员应设组织委员、宣传委员、统战委员、纪检委员、青年委员等，委员人数不够时可以兼任。如党委会还设定了其他类型委员，其主要职责可根据工作需要和实际情况具体明确。本单位行政负责人也可以不专门任某个委员。

为了发挥院（系）级党组织在统战工作中的基础性作用，北京市委教育工委要求：由院（系）级党组织书记负责统战工作，兼任统战委员。

为贯彻落实新形势下全面从严治党要求，进一步加强基层党组织的纪律检查工作，北京市要求：已设立纪委的基层党委，由纪委书记担任同级党委委员，不再设纪检委员；未设立纪委的基层党委，应在党委委员中设1名专职纪检委员；党的总支部委员会，应在委员中设1名专职纪检委员。

【参考】《北京普通高等学校党建和思想政治工作基本标

准》（京教工〔2021〕50 号，2021 年 7 月 16 日）;《中共北京市纪委机关、中共北京市委组织部关于规范基层党组织纪律检查委员设置的通知》（京组通〔2017〕44 号，2017 年 9 月 26 日）第二点。

65. 党委委员的增补如何进行？

党委委员在任期内出现空缺，经上级党组织同意后，一般应召开党员大会或党员代表大会进行补选。上级党组织只能调动或者指派下级党组织负责人（即书记、副书记），不能指派下级党的委员会委员。

根据党内选举相关规定，院（系）级党组织委员增补工作流程与基层党组织换届流程一致，按照"二下二上"酝酿增补委员人选，并按 20% 差额确定候选人名单；召开党员大会或党员代表大会，按照程序选举产生增补的委员，报学校党委组织部备案。

如委员空缺人数较少，不影响工作开展，也可暂不增补，将其原来分管的工作交由其他委员负责。

【参考】《中国共产党基层组织选举工作条例》（2020 年 7 月 13 日）第十八条;《党务工作 500 问》（党建读物出版社，2019 年 6 月）第 275 问。

66. 新一届委员会委员已选举产生，是否要等学校党委批准后才能履职？任职时间从什么时候开始计算？

新一届委员会委员自当选之日起即可履职，选举结果报学校党委组织部备案。

选举产生的书记、副书记，需要经学校党委常委会讨论批准，其任职时间自当选之日起计算。

【参考】《中国共产党基层组织选举工作条例》（2020 年 7 月

13 日）第三十四条。

67. 学校党员代表大会代表有哪些职责和权利？

（1）在学校党员代表大会召开期间，参与听取和审查校党委、纪委的报告；参与讨论和决定有关重大问题；在党员代表大会上行使表决权；

（2）出席党员代表大会会议，补选在任期内出现空缺的校党委委员、纪委委员，享有选举权和被选举权；

（3）出席党员代表大会会议，选举产生出席上级党员代表大会代表，享有选举权和被选举权；

（4）了解校党委、纪委以及各基层单位党组织贯彻执行党的决议、决定的情况；

（5）向学校党员代表大会或者校党委就学校事业发展和党的建设的重大问题提出意见和建议；

（6）对校党委、纪委及其成员进行监督；

（7）参加学校党员代表大会或者校党委组织的活动；

（8）受学校党员代表大会或者校党委的委托，完成有关工作。

【参考】《中国共产党全国代表大会和地方各级代表大会代表任期制暂行条例》（2008 年 7 月 16 日）。

68. 行政班子换届包括哪些环节？

行政班子换届的流程包括动议、民主推荐、考察、讨论决定、任职五个环节。

【参考】《党政领导干部选拔任用工作条例》（2019 年 3 月修订）。

69. 行政班子换届的动议环节需要注意哪些问题?

行政班子换届一般在届满两个月之前启动,提前或者延期换届须报书面请示给学校党委组织部。

党委组织部根据工作需要和班子建设实际,提出启动换届工作意见,同单位党政正职沟通,提出初步建议。报学校干部工作领导小组同意后,形成工作方案。

【参考】《党政领导干部选拔任用工作条例》(2019 年 3 月修订)第三章。

70. 党政班子换届的民主推荐环节需要注意哪些问题?

民主推荐包括谈话调研推荐和会议推荐两项内容,推荐结果是选拔任用的重要参考。

民主推荐由学校党委组织部主持。换届单位要与党委组织部及时沟通,确定推荐工作安排、参加人员,在本单位内部以适当方式公开推荐工作安排。

【参考】《党政领导干部选拔任用工作条例》(2019 年 3 月修订)第四章。

71. 党政班子换届民主推荐中参加谈话调研推荐的人员范围有哪些?

清华大学根据党中央精神和上级党组织要求,结合高校工作实际,确定参加谈话调研推荐的人员范围包括:

(1)党政班子成员;

(2)学术委员会、学位委员会、教学委员会负责人;

(3)党委(直属党总支)委员;

(4)工会主席、校教代会代表组长和党代会代表组长;

(5)研究所所长、室(中心)主任、其他内设机构主要负责人;

（6）教职工党支部书记；

（7）学术带头人或正高级职称的教师；

（8）青年教师代表、民主党派代表和其他教职工代表。

【参考】《清华大学校管干部选拔任用工作办法（试行）》（2020年9月22日，清华大学党委）第十七条。

72. 党政班子换届民主推荐中参加会议推荐的人员范围有哪些?

清华大学根据党中央精神和上级党组织要求，结合高校工作实际，确定参加会议推荐的人员范围包括：

（1）党政班子成员；

（2）学术委员会、学位委员会、教学委员会负责人；

（3）党委（直属党总支）委员；

（4）工会主席、校教代会代表组长和党代会代表组长；

（5）研究所所长、室（中心）主任、其他内设机构主要负责人；

（6）教职工党支部书记；

（7）学术带头人或正高级职称的教师；

（8）青年教师代表、民主党派代表和其他教职工代表；

（9）校教代会代表和党代会代表；

（10）教研系列教师和副高级及以上职称人员。

注意：如上所列人员都要通知到位；实际参加人数不能少于应到人数的三分之二；各单位可根据工作需要，适当扩大参会范围；如本单位总人数较少，参会范围可扩大到全体人员。

【参考】《清华大学校管干部选拔任用工作办法（试行）》（2020年9月22日，清华大学党委）第十七条。

73. 党政班子换届的考察环节需要注意哪些问题?

清华大学的做法是，确定考察对象后，学校党委组织部通知各单位安排考察谈话。考察拟任人选，个别谈话和征求意见的范围一般为：

（1）考察对象所在单位领导班子成员；

（2）考察对象所在单位有关工作部门和内设机构主要负责人；

（3）考察对象所在党支部负责人；

（4）了解考察对象情况的工作对象、服务对象及其他有关人员。

考察谈话参加人数少于推荐谈话人数，一般为 20 人左右。

考察对象应纳入谈话名单。

行政换届时，研究所所长等必须纳入谈话名单，党委换届时，党支部书记必须纳入谈话名单。

【参考】《清华大学校管干部选拔任用工作办法（试行）》（2020 年 9 月 22 日，清华大学党委）第二十四条。

三、党支部建设

74. 党支部的工作机制有哪些？

党支部的工作机制包括党支部党员大会、党支部委员会、党小组会。党支部党员大会是党支部的议事决策机构，由全体党员参加，一般每季度召开 1 次。党支部委员会是党支部日常工作的领导机构，党支部委员会会议一般每月召开 1 次，根据需要可以随时召开，对党支部重要工作进行讨论、作出决定等。党小组会一般每月召开 1 次，组织党员参加政治学习、谈心谈话、开展批评和自我批评等。

【参考】《中国共产党支部工作条例（试行）》（2018 年 10 月 28 日）第四章。

75. 党支部人数有什么要求?

有正式党员 3 人以上的基层单位,都应当成立党支部。党支部党员人数一般不超过 50 人,人数较多的党支部应当根据党员分布情况和工作需要合理设置党小组。

《中共教育部党组关于加强新形势下高校教师党支部建设的意见》中专门指出,要合理控制教师党支部党员人数规模,一般在 30 人以内。

【参考】《中国共产党支部工作条例(试行)》(2018 年 10 月 28 日)第四、十三条;《中共教育部党组关于加强新形势下高校教师党支部建设的意见》(教党〔2017〕41 号,2017 年 8 月 1 日)第四部分。

76. 新成立党支部应当经过什么程序?

党支部的成立,一般由基层单位提出申请,上级党组织召开会议研究决定并批复,批复时间一般不超过 1 个月。根据工作需要,上级党组织可以直接作出在基层单位成立党支部的决定。

【参考】《中国共产党支部工作条例(试行)》(2018 年 10 月 28 日)第六条。

77. 新成立党支部的书记和委员应该如何产生?

上级党组织审批同意新成立党支部后,基层单位召开党员大会选举产生党支部委员会或者不设委员会的党支部书记、副书记。

必要时(如党员之间相互不太了解、不具备选举条件的),上级党组织可以指派党支部书记或者副书记。一般情况下,党支部委员应当召开党员大会选举产生。

【参考】《中国共产党支部工作条例（试行）》（2018 年 10 月 28 日）第六、二十一条；《中国共产党基层组织选举工作条例》（2020 年 7 月 13 日）第十八条。

78. 党支部书记的党龄有什么要求？

党支部书记一般应当具有 1 年以上党龄。

【参考】《中国共产党支部工作条例（试行）》（2018 年 10 月 28 日）第二十三条。

79. 教职工党支部的设置一般应按照什么原则？

教职工党支部的设置应当与教学、科研、管理、服务等机构相对应。教师党支部一般按照院（系）内设的教学、科研机构设置，可以依托重大项目组、科研平台等设置教职工党支部或师生联合党支部。管理、后勤等部门的党支部一般按照部门设置。

【参考】《中国共产党普通高等学校基层组织工作条例》（2021 年 4 月 16 日）第九条。

80. 教职工党支部的职责有哪些？

教职工党支部围绕本单位改革发展稳定等开展工作，落实立德树人根本任务，发挥教育管理监督党员和组织宣传凝聚服务师生员工的作用。主要职责是：

（1）宣传和执行党的路线方针政策以及上级党组织的决议，团结师生员工，在完成教学科研管理任务中发挥党员先锋模范作用；

（2）参与本单位重大问题决策，支持本单位行政负责人开展工作，对教职工职称评定、岗位（职员等级）晋升、考核评价等进行政治把关；

（3）做好党员教育、管理、监督和服务工作，定期召开组织生活会，开展批评和自我批评；

（4）培养教育入党积极分子，做好发展党员工作；

（5）加强师德师风建设，有针对性地做好思想政治工作；

（6）密切联系群众，经常听取师生员工意见和诉求，维护他们的正当权利和利益。

【参考】《中国共产党普通高等学校基层组织工作条例》（2021年4月16日）第十二条。

81. 教职工党支部书记的人选有什么要求？

教职工党支部书记应当由政治素质好，工作能力强，富于进取精神，群众威信高，热心党的工作，善于做思想政治工作的正式党员担任。

教师党支部书记应当按照"党建带头人、学术带头人"标准，从党龄超过3年、具有副高级以上专业技术职称的优秀党员教师中选任，注重选拔党性强、业务精、有威信、肯奉献的党员学术带头人。

管理、后勤等部门党支部书记一般由本部门主要负责人担任。

【参考】《中国共产党普通高等学校基层组织工作条例》（2021年4月16日）第九条；《中共教育部党组关于加强新形势下高校教师党支部建设的意见》（教党〔2017〕41号，2017年8月1日）第六部分。

82. 学生党支部的设置一般应按照什么原则？

学生党支部一般按照年级班级或者学科专业设置。可以在学生社区设置党支部。

应注重在本专科低年级建立党的组织、开展党的工作。

【参考】《中国共产党普通高等学校基层组织工作条例》（2021 年 4 月 16 日）第九条。

83. 学生党支部的职责有哪些？

学生党支部应当加强思想政治引领，筑牢学生理想信念根基，引导学生刻苦学习、全面发展、健康成长。主要职责是：

（1）宣传和执行党的路线方针政策以及上级党组织的决议。

（2）加强对学生党员的教育、管理、监督和服务，定期召开组织生活会，开展批评和自我批评。发挥学生党员先锋模范作用，影响、带动广大学生明确学习目的，完成学习任务。

（3）组织学生党员参与学生事务管理，维护学校稳定。支持、指导和帮助团支部、班委会以及学生社团根据学生特点开展工作，充分发挥保留团籍的学生党员的带动作用。

（4）培养教育学生中的入党积极分子，按照标准和程序发展学生党员。

（5）根据学生特点，有针对性地做好思想政治教育工作。

【参考】《中国共产党普通高等学校基层组织工作条例》（2021 年 4 月 16 日）第十三条。

84. 学生党支部书记的人选有什么要求？

学生党支部书记应当具备良好的政治素质，热爱党的工作，具有一定的政策理论水平、组织协调能力和群众工作本领，敢于担当、乐于奉献，带头发挥先锋模范作用，在党员、群众中有较高威信。

另外，学生党支部书记应注重从优秀辅导员、骨干教师、优秀学生党员中选拔。

【参考】《中国共产党支部工作条例（试行）》（2018 年 10 月 28 日）第二十三条；《中国共产党普通高等学校基层组织工作条例》（2021 年 4 月 16 日）第九条。

85. 党支部名称的确定应遵循哪些规则？

为了规范党支部的名称，清华大学专门制定了党支部命名规则，对不同类型党支部的名称有针对性地做出了要求，具体如下：

党支部名称的前缀为所在的学校二级单位或部门的简称（以学校公布的信息为准），名称的后缀为"党支部"，不要简写成"支部"。名称里不应出现英文字母。

教职工党支部名称应尽量能体现党支部所在单位的特点。前半部分为某某系、所、实验室、中心、社区、部（处）、科室、公司等党支部对应的行政单位的名称。为避免党支部名称过长，一般采用简称，但要有"系""所""实验室""中心""科"等字样。跨行政单位、专业或学科方向设立的党支部可以称某某联合党支部。但为避免过于冗长，对于超过三个单位的联合党支部，一般不建议采用这种命名方式。

独立设立的离退休教职工党支部，后缀用"离退休教职工党支部"。

本科生党支部名称应尽量能体现党支部所在年级或班级。对于建在年级的支部，以年级简称＋党支部来命名，表示年级的数字应为阿拉伯数字；对于建在年级但是不以行政班为单位的党支部，以年级名称＋第 × 党支部来命名，其中表示年级的数字应为阿拉伯数字，× 则用汉字表示；对于建在班级的党支部，以班号＋党支部来命名，班号用阿拉伯数字来表示；对于跨年级（班级）的联合支部则直接用两个年级（班级）名字组合起来。

研究生党支部一般应与研究生班级一一对应。硕博分开的横向班党支部命名方式为：专业＋硕博＋入学年份的后两位数字（如有多个班级，可加数字排序）；硕博混合的横向班党支部命名方式为：专业＋研＋入学年份的后两位数字（如有多个班级，可加数字排序）；硕博分开的纵向班党支部的命名方式为：专业＋硕博＋各班级的排序（2位数以内，汉字）；硕博混合的纵向班党支部的命名方式为：专业＋研＋各班级的排序（2位数以内，汉字）。若出现一个班集体对应多个党支部的情况，则在班集体称号之后加上"第×党支部"，×用汉字表示。

对于上述规则不能涵盖的情况，院（系）级党组织可结合自身实际，参照本规则确定党支部的命名。确有需要，可与学校党委组织部、党委学生部或者党委研究生工作部协商后确定。

【参考】《清华大学党支部命名规则（试行）》（2015年12月3日，清华大学党委组织部、学生部、研究生工作部）。

86. 什么情况下可以成立临时党支部？临时党支部的成立和撤销有哪些要求？

为执行某项任务临时组建的机构，党员组织关系不转接的，经上级党组织批准，可以成立临时党支部。临时组建的机构撤销后，临时党支部自然撤销。

为加强和规范非全日制研究生临时党支部建设，实现非全日制研究生党员教育管理"全覆盖"，清华大学党委研究生工作部制定《清华大学非全日制研究生临时党支部工作实施细则》，明确要求非全日制研究生基层集体中，组织关系不在学校的正式党员在3人以上的，应当成立临时党支部。一般由非全日制研究生集体向所在党委（党总支）递交申请，经批准后成立临时党支部。临时党支部绝大多数成员毕业离校后（未毕业党员人数少于3人）或经上级党组织批准，临时党支部撤销。

【参考】《中国共产党支部工作条例（试行）》（2018年10月

28 日）第八条；《清华大学非全日制研究生临时党支部工作实施细则》（2020 年 9 月 8 日修订，清华大学党委研究生工作部）第五、六条。

87. 临时党支部的书记、副书记和委员应该如何产生？

临时党支部的书记、副书记和委员一般由批准其成立的院（系）级党组织指定。

院（系）级党组织可参照以下程序确定人选：广泛征求党员、群众的意见，酝酿推举产生党支部书记、副书记或委员候选人；通过指派专人谈话等形式进行充分考察；提交院（系）级党组织会议讨论决定。

【参考】《中国共产党支部工作条例（试行）》（2018 年 10 月 28 日）第八条。

88. 临时党支部的职责有哪些？

临时党支部主要组织党员开展政治学习，教育、管理、监督党员，对入党积极分子进行教育培养等，一般不发展党员、处分处置党员，不收缴党费，不选举党员代表大会代表和进行换届。

【参考】《中国共产党支部工作条例（试行）》（2018 年 10 月 28 日）第八条。

89. 党支部党员大会一般多长时间召开一次？出席的人数有什么要求？

党支部党员大会一般每季度召开 1 次，由全体党员参加。

如有表决，必须有半数以上有表决权的党员到会方可进行；如有选举，应到会有表决权党员必须到会不少于 80%，方可开会。

【参考】《中国共产党支部工作条例（试行）》（2018 年 10 月

28 日）第十一条。

90. 有哪些议题必须要在党支部党员大会上讨论表决?

必须通过党支部党员大会讨论的议题包括：听取和审查党支部委员会的工作报告；按照规定开展党支部选举工作，推荐出席上级党员代表大会的代表候选人，选举出席上级党员代表大会的代表；讨论和表决接收预备党员和预备党员转正、延长预备期或者取消预备党员资格；讨论决定对党员的表彰表扬、组织处置和纪律处分；决定其他重要事项。

党支部党员大会议题提交表决前，应当经过充分讨论。赞成人数超过应到会有表决权的党员的半数为通过。

【参考】《中国共产党支部工作条例（试行）》（2018 年 10 月 28 日）第十一条。

91. 什么情况下应设立党支部委员会?

有正式党员 7 人以上的党支部，应当设立党支部委员会。正式党员不足 7 人的党支部，设 1 名书记，必要时可以设 1 名副书记。

【参考】《中国共产党支部工作条例（试行）》（2018 年 10 月 28 日）第二十条。

92. 党支部委员会的人数有什么要求?

党支部委员会由 3 至 5 人组成，一般不超过 7 人。

为加强党支部委员会力量，更好地发挥党支部委员会委员在党支部建设中的作用，清华大学要求正式党员 20 人以上的党支部，应设立 5 名委员（离退休教职工党支部不做硬性要求）。

【参考】《中国共产党支部工作条例（试行）》（2018 年 10 月 28 日）第二十条；《关于进一步做好党支部委员选配工作的通知》

（2019 年 6 月 11 日，清华大学党委组织部）第一部分。

93. 党支部委员的分工应注意哪些问题？

党支部委员会应设书记和组织委员、宣传委员、纪检委员，根据工作需要，可设统战委员、青年委员或其他委员（可兼任），必要时还可设 1 名副书记（可兼任）。

为贯彻落实新形势下全面从严治党要求，进一步加强基层党组织的纪律检查工作，北京市要求：党支部委员会委员名额超过 3 名的，应在委员中设 1 名专职纪检委员；委员名额为 3 名的，设 1 名专职或兼职纪检委员；不设委员会的党支部，纪律检查工作由书记负责。

【参考】《中国共产党支部工作条例（试行）》（2018 年 10 月 28 日）第二十条；《中共北京市纪委机关、中共北京市委组织部关于规范基层党组织纪律检查委员设置的通知》（京组通〔2017〕44 号，2017 年 9 月 26 日）第三点。

94. 党支部书记和委员的主要职责是什么？

党支部书记的主要职责：

（1）主持党支部全面工作，认真传达贯彻执行党的路线、方针、政策和上级党组织的决议，及时完成上级党组织布置的各项任务。按学期制定党支部工作计划并组织实施。

（2）牵头抓好党支部委员会建设，经常与党支部其他委员谈心谈话，督促其他委员履行职责，充分发挥党支部委员会的政治功能和集体作用。

（3）严肃认真组织开展党内政治生活，落实"三会一课"制度并推动内容形式创新。主持党支部委员会、党员大会、组织生活会。

（4）负责抓好党支部党风廉政建设，带头落实全面从严治党各项要求，从严从实教育管理党支部党员。

（5）密切联系党员群众，主动关心和联系入党积极分子，认真做好发展党员工作。主动关心党员群众的思想问题、推动解决实际困难，及时向党员群众传达中央和上级部门、学校的重大改革部署和重要会议文件精神，听取党员群众对本单位和学校工作的意见建议，并向上级党组织反映。

（6）教职工党支部书记代表党支部委员会参加系（所）务会等议事决策会议，参与本单位重要问题的讨论和决策部署，做好政治把关。与行政班子密切配合，保证本单位各项任务的完成。

（7）加强工作研究，提高工作水平，按要求定期向上级党组织报告工作。

组织委员的主要职责：

（1）掌握党支部的党员队伍状况，根据需要合理设置党小组。协助书记做好党支部按期换届的工作。

（2）负责党员发展工作，做好积极分子的培养、教育和考察，拟定发展党员计划，协助审查入党材料、办理入党相关手续。做好对预备党员的教育、考察，负责办理转正相关手续和材料。

（3）协助党支部书记组织实施"三会一课""党员活动日"、组织生活会、党员民主评议等工作，督促缺勤党员完成补学。

（4）负责党员组织关系转接、党费收缴和使用、党内统计、党内表彰等工作。

宣传委员的主要职责：

（1）组织实施党支部党员宣传教育培训工作，了解和掌握党员思想状况，组织党课学习，完成上级党组织布置的学习任务。

（2）围绕本单位的中心工作，开展多种形式的宣传、文化活动，充分利用新媒体和各种宣传工具，办好党支部宣传阵地，积极发挥团结领导动员教育党员群众的作用。

（3）教职工党支部宣传委员组织实施面向本单位全体教职

工的政治理论学习，负责建立教职工政治理论学习台账，做好教职工思想政治工作。

（4）协助开展与国家安全相关的宣传教育工作。

纪检委员的主要职责：

（1）经常对党员进行遵守纪律的教育。

（2）督促党支部严格党的组织生活，开展批评和自我批评，监督党员切实履行义务，维护党员权利。

（3）了解党员、群众对党的工作和党的领导干部的批评和意见，定期向上级党组织反映情况，提出意见和建议。

（4）维护和执行党的纪律，发现党员、干部违反纪律问题及时教育或者处理，问题严重的应当向上级党组织报告。

（5）监督党员干部和其他任何工作人员严格遵守国家法律法规，严格遵守国家的财政经济法规和人事制度，不得侵占国家、集体和群众的利益。

统战委员的主要职责：

（1）负责统战理论和政策的学习宣传教育和贯彻落实。

（2）密切联系统战对象，了解和掌握统战对象的思想政治、工作表现等情况，主动关心并帮助解决思想问题和实际困难，鼓励统战对象为本单位和学校的改革发展献计出力、发挥作用。

青年委员的主要职责：

（1）密切联系青年，了解和掌握青年思想状况，主动关心青年的学习、工作和生活，了解思想问题和实际困难，及时向上级和党支部书记反映，帮助解决实际困难，组织开展适合青年特点的活动。

（2）做好"党建带团建"有关工作，指导基层团支部建设。

【参考】《学校党组织工作手册（新编本）》（党建读物出版社，2020年12月）第32—38项。

95. 党支部委员会会议一般多长时间召开一次？出席的人数有什么要求？

党支部委员会会议一般每月召开 1 次，根据需要可以随时召开，对党支部重要工作进行讨论、作出决定等。重要事项提交党员大会决定前，一般应当经党支部委员会会议讨论。

党支部委员会会议须有半数以上委员到会方可进行。

【参考】《中国共产党支部工作条例（试行）》（2018 年 10 月 28 日）第十二条。

96. 什么情况下应设立党小组？

党员人数较多或者党员工作地、居住地比较分散的党支部，按照便于组织开展活动原则，应当划分若干党小组，并设立党小组组长。

为了更好地落实"三会一课"制度，清华大学党委要求，党员规模超过 20 人的党支部或由两个及以上单位成立的联合党支部，应根据党员分布情况和工作需要合理设置党小组。为了有利于发挥作用，党小组应尽量同行政机构相对应，如研究所、科室、班级等。党员数量少的党支部，可不划分党小组。

【参考】《中国共产党支部工作条例（试行）》（2018 年 10 月 28 日）第十三条;《关于在全校党支部中规范党小组设置的实施办法》（2017 年 9 月 5 日，清华大学党委组织部）第二点。

97. 成立党小组是否必须要有 3 名以上正式党员？

一般情况下，党小组的人数不少于 3 人，并且至少有 1 名正式党员。

【参考】《党支部工作手册（新编本）》（党建读物出版社，

2019 年 3 月）第 88 项。

98. 党小组组长如何产生？任期多长？

党小组组长应由正式党员担任，一般由党支部指定，也可以由所在党小组党员推荐产生。

党小组组长的任期和党支部委员会的任期一致。

【参考】《中国共产党支部工作条例（试行）》（2018 年 10 月 28 日）第十三条。

99. 预备党员能不能当党小组组长？

预备党员不能担任党小组组长。

【参考】《党支部工作手册（新编本）》（党建读物出版社，2019 年 3 月）第 90 项。

100. 党小组会一般多长时间召开一次？

党小组会一般每月召开 1 次，组织党员参加政治学习、谈心谈话、开展批评和自我批评等。

【参考】《中国共产党支部工作条例（试行）》（2018 年 10 月 28 日）第十三条。

101. 党支部开展谈心谈话有哪些注意事项？

党支部应当经常开展谈心谈话。党支部委员之间、党支部委员和党员之间、党员和党员之间，每年谈心谈话一般不少于 1 次。

谈心谈话应当坦诚相见、交流思想、交换意见、帮助提高。党支部应当注重分析党员思想状况和心理状态。对家庭发生重大变故和出现重大困难、身心健康存在突出问题等情况的党员，党支部书记应当帮助做好心理疏导；对受到处分处置以及有不良反映的党员，党支部书记应当有针对性地做好思想政治工作。

【参考】《中国共产党支部工作条例（试行）》（2018 年 10 月 28 日）第十九条。

102. 党支部书记讲党课有什么要求?

《中国共产党支部工作条例（试行）》第十六条指出：党员领导干部应当定期为基层党员讲党课，党委书记每年至少讲 1 次党课。对于党支部书记讲党课的频率没有具体要求。

清华大学的要求是：党支部书记每年至少应在所在党支部讲 1 次党课。

党课的选题范围可以是党的路线、方针、政策方面的教育，也可以是党的基本知识方面的教育，还可以是国际国内形势方面的教育。党课应当针对党员思想和工作实际，做到有的放矢，回应普遍关心的问题，注重身边人讲身边事，增强吸引力和感染力。

党支部书记讲党课前应认真备课，准备讲稿或提纲。党课时间一般应不少于 30 分钟。

【参考】《中国共产党支部工作条例（试行）》（2018 年 10 月 28 日）第十六条;《基层党务工作实用手册》（党建读物出版社，2018 年 10 月）第四篇。

103. 党支部书记每年要参加的学习培训有哪些要求?

党支部书记应当主动参加学校党委和院（系）级党组织的任职培训和其他各类教育培训活动，不断提升责任意识和党务工作能力。党支部书记每年应当至少参加 1 次学校组织安排的集中轮训。党支部书记每年参加集中培训和集体学习时间应不少于 56 学时。

【参考】《2019—2023 年全国党员教育培训工作规划》（2019 年 11 月）第四部分。

104. 对于党支部书记的述职和考核有哪些要求?

党支部书记每年应当向上级党组织和党支部党员大会述职,接受评议考核,考核结果作为评先评优、选拔使用的重要依据。

党支部书记述职考核的内容主要包括:党支部委员会建设、组织生活、党员发展与教育管理、服务引领党员群众等。教职工党支部书记述职考核的内容还应包括服务中心工作等,学生党支部书记述职考核的内容还应包括党团班协同工作等。

【参考】《中国共产党支部工作条例(试行)》(2018年10月28日)第二十七条。

105. 党支部工作评议有哪些程序和要求?

为贯彻落实新时代党的建设总要求,落实党建工作责任制,2018年起,清华大学党委针对党支部建立了定量定性相结合的工作评价指标体系,开展覆盖全校党支部的年度工作评议。评价指标体系分为教职工党支部、本科生党支部、研究生党支部、离退休教职工党支部四类,包括党支部设置、党支部委员会建设、组织生活、党员发展、党员教育管理服务、服务引领群众、服务中心工作等一级指标,以及20余项考评要素(考评要素结合学校党委年度工作重点制定,每年更新)。党支部工作评议结果由学校党委职能部门评价、院(系)级党组织评价和党员对所在党支部评价三部分构成。

【参考】《清华大学党支部工作评价指标体系(试行)》(2019年1月9日,清华大学党委组织部)。

106. 教师党支部应在教师队伍建设的哪些环节把好政治关、师德关?

教师党支部应在人才引进、教师聘任、晋级晋升、年终考核、评奖评优等工作中把好政治关、师德关。教师党支部应在院（系）党政班子换届、校管干部任免、院（系）内设各职能部门和所属系（所、中心）等单位重要人事调整等工作中把好政治关、师德关。教师党支部要认真落实意识形态责任制，巩固马克思主义在学校意识形态领域的指导地位，防止各类错误思想文化侵蚀，引导教师自觉在课堂教学、课程教材编写和选用、学术活动、哲学社会科学类讲座论坛报告会、新闻宣传、对外交流合作中坚持正确的政治方向、政治立场、政治原则。

【参考】《中共教育部党组关于加强新形势下高校教师党支部建设的意见》（教党〔2017〕41号，2017年8月1日）第三部分。

107. 哪些党支部书记可以获得激励经费？激励经费的标准是多少？

2018年1月起，教学科研一线教师党支部书记按照人均1000元/月的标准发放激励经费，由北京市统一拨付。

对于非教学科研一线教师的党支部书记，由清华大学党委发放一定的激励经费。对于少数在职教职工担任离退休教职工党支部书记的、离退休教职工担任在职教职工党支部书记的、在职教职工担任学生党支部书记的，也参照发放。

离退休教职工党支部书记的激励经费，由学校党委离退休工作部根据北京市有关精神发放。

【参考】《北京高校教学科研一线教师党支部书记考核激励办法》（京教工〔2018〕2号，2018年1月8日）；《关于落实北京高校教学科研一线教师党支部书记考核激励办法的补充通知》（2018年3月9日，北京市委教育工委组织处）；《关于发放在职教职工党支部书记激励补贴的说明》（2018年12月29日，清华大学党委组织部）。

四、党支部换届相关工作

108. 党支部委员会的任期是几年？党支部书记的任期是几年？

院（系）级以下单位设立的党的总支部委员会、支部委员会每届任期一般为3年。

院（系）如党员人数较少，只能设立党的总支部委员会或支部委员会的，每届任期一般为5年。

党支部书记、副书记的任期与党支部委员会的任期一致。不设委员会的党支部书记、副书记的每届任期一般为3年。

【参考】《中国共产党支部工作条例（试行）》（2018年10月28日）第二十一条；《中国共产党普通高等学校基层组织工作条例》（2021年4月16日）第七条。

109. 党支部启动换届的程序是什么？

（1）召开党支部委员会。任期届满之前（一般提前1个月左右），召开党支部委员会讨论并做出换届选举的决议，研究党支部换届选举工作有关事宜。

（2）向上级党组织请示。向上级党组织请示召开党员大会选举新一届委员会（不设委员会的党支部，请示召开党员大会直接选举书记、副书记），请示内容应包括：上次党支部换届选举的时间，本次换届选举的主要议程和大致时间安排，党支部委员会委员名额、差额比例，书记、副书记名额，酝酿候选人的办法等。

（3）上级批准同意。上级党组织批准后正式启动换届选举工作。

【参考】《中国共产党基层组织选举工作条例》（2020年7月

13 日）第三十二条;《党组织选举工作手册》（党建读物出版社，2021 年 3 月）第 55 项。

110. 党支部委员会应如何产生?

党支部委员会由党支部党员大会选举产生，党支部书记、副书记一般由党支部委员会会议选举产生，不设委员会的党支部书记、副书记由党支部党员大会选举产生。选出的党支部委员会委员，报上级党组织备案;党支部书记、副书记，报上级党组织批准。党支部书记、副书记和委员出现空缺，应当及时进行补选。确有必要时，上级党组织可以指派党支部书记或者副书记。

【参考】《中国共产党支部工作条例（试行)》（2018 年 10 月 28 日）第二十一条。

111. 党支部委员会是否可以提前或延期进行换届选举?

党支部委员会任期届满应按期进行换届选举。除特殊情况经上级党组织批准提前或延期换届选举外，每个党支部委员会都应按期进行换届选举。这里的特殊情况指:任期届满时党支部确需集中一段时间完成某项重要任务;党支部有严重问题需要整顿的;党员外出较多、如期召开党员大会达不到出席人数要求等。对需要提前或延期换届的，上级党组织应当认真审核、从严把关，期限一般不超过 1 年。

【参考】《中国共产党支部工作条例（试行)》（2018 年 10 月 28 日）第二十一条;《基层党务工作实用手册》（党建读物出版社，2018 年 10 月）第六篇。

112. 如何撰写党支部换届工作报告?

换届工作报告要对本届任期内的工作进行总结，肯定成绩，找出不足，提高认识，明确方向，以便进一步做好工作。一般应包括党支部基本情况（上次换届时间、党员基本情况等），工作回顾（思想教育、组织生活、党员管理监督服务、党员发展和入党积极分子培养、服务引领群众、推动中心工作、党支部委员会建设、其他特色工作等），取得的成效，存在的不足，以及今后的努力方向等。

【参考】《党支部工作手册（新编本）》（党建读物出版社，2019年3月）党支部工作常用文体10。

113. 换届选举前，党支部提交上级党组织的正式换届请示应包括哪些内容？

正式换届请示主要内容应包括：（1）换届选举大会的具体日期和主要安排。（2）下届党支部委员会组成人员名额和候选人名额。（3）下届党支部委员会委员候选人预备人选以及党支部书记预备人选；对于不设委员会的党支部，书记、副书记候选人预备人选。

【参考】《中国共产党基层组织选举工作条例》（2020年7月13日）第十四条;《党组织选举工作手册》（党建读物出版社，2021年3月）第55项。

114. 候选人预备人选人数应如何确定？

党支部委员会委员候选人预备人选的差额不少于应选人数的20%。

党支部书记、副书记预备人选的人数等于应选名额。

【参考】《中国共产党基层组织选举工作条例》（2020年7月13日）第十三条。

115. 党支部委员会委员、党支部书记候选人预备人选应通过什么方式确定?

党支部委员会委员候选人预备人选，应由上届委员会根据多数党员的意见从党支部正式党员中提出，报上级党组织审查同意后，组织党员酝酿确定。

党支部书记、副书记的产生，应由上届委员会提出候选人，报上级党组织审查同意后，在党支部委员会会议上进行选举。不设委员会的党支部书记、副书记的产生，应由全体党员充分酝酿提出候选人，报上级党组织审查同意后进行选举。

【参考】《中国共产党基层组织选举工作条例》（2020 年 7 月 13 日）第十四、十六条。

116. 党支部书记、副书记是否需要差额选举?

党的基层组织的书记、副书记经上级党组织批准，可以实行等额选举。党支部书记、副书记一般实行等额选举。

【参考】《党组织选举工作手册》（党建读物出版社，2021 年 3 月）附录二。

117. 党支部党员大会进行换届选举对到会人数有什么要求?

党支部党员大会进行换届选举是一件严肃的事情，应全体党员到会，除特殊情况外，不得无故缺席。进行选举时，有选举权的到会人数不少于应到会人数的五分之四，会议有效。

【参考】《中国共产党基层组织选举工作条例》（2020 年 7 月 13 日）第十九条。

118. 哪些情况可以不计算在换届选举大会应到会人数之内？

为了保证党支部的选举工作能够顺利进行，有选举权的党员因下列情况不能参加选举的，经报上级党组织同意，并经党支部党员大会通过，可以不计算在应到会人数之内：

（1）患有精神病或其他疾病导致不能表达本人意志的；

（2）出国半年以上的；

（3）年老体弱卧床不起和长期生病、生活不能自理的；

（4）毕业离校，工作调动，外出学习、工作或生活半年以上等，按规定应转走正式组织关系而没有转走的。

凡上述情况之外的党员不能参加党员大会进行选举，仍应计算在应到会人数之列。

【参考】《党的基层组织制度建设工作手册（新编本）》（党建读物出版社，2019年3月重印）第80项。

119. 换届选举大会中未出席党员可否委托他人代为投票？

因故未出席换届选举大会的党员不能委托他人代为投票。

【参考】《中国共产党基层组织选举工作条例》（2020年7月13日）第二十四条。

120. 换届选举大会的主持人、监票人、计票人应由谁担任？

换届选举大会由上届党支部委员会主持。不设委员会的党支部进行选举，由上届党支部书记主持。

从不是候选人的党员中推选监票人和计票人，经党员大会表决通过后负责计票工作。其中监票人应为正式党员。

【参考】《中国共产党基层组织选举工作条例》（2020年7月13日）第二十、二十二、二十三条。

121. 党支部党员大会进行换届选举的程序是什么？

（1）全体起立，唱国歌。

（2）报告工作。由党支部书记向大会报告本届党支部委员会（党支部）工作。

（3）正式选举。

① 宣布参加选举的人数、下届党支部委员会委员名额（不设委员会的，书记、副书记名额）和候选人预备人选名单。具体应说明党支部有多少正式党员，多少预备党员，应到会有选举权的党员人数，实到会有选举权的党员人数。

② 表决通过选举办法、党支部委员会委员候选人（不设委员会的，书记、副书记候选人）名单。

③ 推选并表决通过监票人、计票人名单。

④ 进行无记名投票。

⑤ 清点选票并宣布选举是否有效。

⑥ 计票，监票人宣布计票结果。

⑦ 主持人宣布选举结果。

（4）选举大会结束，全体起立，唱国际歌。

【参考】《党的基层组织制度建设工作手册（新编本）》（党建读物出版社，2019年3月重印）第52项。

122. 如何确定党支部委员、书记、副书记当选人？

候选人得赞成票超过应到会有选举权人数半数时，始得当选。获得赞成票超过半数的候选人数多于应选名额时，以得票多少为序，至取足应选名额为止。如遇票数相等不能确定当选人时，应当就票数相等的候选人再次投票，得赞成票多的当选。获得赞成票超过半数的候选人数少于应选名额时，对不足的名额另行选举。如果接近应选名额，经半数以上有选举权的到会党员同意，也可以减少名额，不再进行选举。

新当选的委员召开第一次党支部委员会会议，提出新一届党支部书记人选，进行等额选举产生党支部书记。

不设委员会的党支部，根据党员大会的选举结果确定党支部书记、副书记的当选人，候选人得赞成票超过应到会有选举权人数半数时，始得当选。

【参考】《中国共产党基层组织选举工作条例》（2020年7月13日）第二十九条。

123. 任期未满但党支部书记、副书记、委员出现缺额，应当如何进行补选?

党支部委员会委员在任期内出现缺额，应及时向上级党组织报告。在上级党组织同意后，召开党支部党员大会进行补选。具体程序包括：

（1）针对党支部委员会委员缺额的情况，党支部委员会在充分酝酿和广泛征求党支部党员意见的基础上，提出拟增补委员候选人的预备人选（差额人数不少于应补选人数的20%），报上级党组织审批。上级党组织审查同意后作出批复。

（2）召开党支部党员大会，报告增补委员候选人酝酿产生的情况，经大会讨论通过确定为正式候选人，然后进行无记名投票选举。

（3）召开党支部委员会会议，确定委员分工，补选书记、副书记需经过委员会选举产生。

（4）选举结束后将增补结果报上级党组织备案，并在党支部内部以及一定范围内进行公告。

特别说明，委员补选（包括调整书记人选）不算作换届。补选的委员，任期至本届党支部委员会届满为止。

【参考】《中国共产党基层组织选举工作条例》（2020年7月13日）第十八条。

干部教育监督

124. 校管干部、正职干部、副职干部、系（所）干部、中层干部、聘任制干部分别包括哪些人员？

在清华大学，校管干部指院（系）、职能部门、支撑服务机构、校办产业、地方院等单位担任副处级以上职务的领导人员。

正职干部指学校二级单位党政班子中担任正职职务的干部，一般指院长、系主任、书记、党工组组长、部（处）长等。

副职干部指学校二级单位党政班子中担任副职职务的干部，一般指副院长、副系主任、副书记、副部（处）长等。

系（所）干部指院（系）下设的系、研究所、中心或其他同等性质机构的行政正副职干部，以及建在这些机构上的党支部书记。

中层干部是一个相对概念。对于学校而言，中层干部是指二级单位党政正副职干部；对于二级单位而言，中层干部指院长（系主任）助理、系（所）干部、党支部书记、科室主任等本单位干部。

聘任制干部指因工作需要，在部分实体教学或科研机构等二级单位的学术性、专业性较强的领导岗位上选聘的人员；或外籍人员、港澳台居民、年龄已达到或超过法定退休年龄人员、人事关系为非聘用合同制人员等被选聘担任领导职务的人员；

或其他经学校研究，认为有必要以聘任制担任领导职务的人员。聘任制干部不定行政级别。

【参考】《清华大学校管干部选拔任用工作办法（试行）》（2020年9月22日，清华大学党委）第四条；《清华大学聘任制干部管理办法》（2020年12月2日，清华大学党委）第二条。

125. 院（系）配备院长（系主任）助理的数量是否有限制？

清华大学规定，各院（系）根据工作需要可适当配备1至3名的院长（系主任）助理，人选应及时向学校党委组织部报备。

126. 校管干部申请校外兼职应如何办理？数量上有何限制？

校管干部在社会团体、基金会或社会服务机构中兼任领导职务、名誉职务、常务理事、理事等，以及在企业兼任领导职务、顾问等名誉职务、外部董事、独立董事、独立监事等均需要经过学校党委组织部审批。

校管干部根据工作需要和实际情况，经批准可在社会团体、基金会和社会服务机构兼职，一般不在企业兼职，原则上不得兼任法定代表人。在高水平学术期刊担任编委或在国际学术组织兼职，兼职数量可根据学校实际情况适当放宽。

清华大学根据上级精神并结合学校实际，制定《清华大学校管干部兼职管理规定》，其中对兼职数量的要求为："双肩挑"干部在社会团体的兼职数量一般不超过5个，在基金会和社会服务机构的兼职数量一般不超过3个；专职管理干部在社会团体的兼职数量一般不超过3个，在基金会和社会服务机构的兼职数量一般不超过1个。校管干部不在兼职单位领取薪酬。

【参考】《关于改进和完善高校、科研院所领导人员兼职管理有关问题的问答》（《组工通讯》2016年第33期）；《清华大学校管干部兼职管理规定》(2017 年 8 月 29 日，清华大学党委)第一、二条。

127. 校管干部的因私证照、因公证照应交给哪个部门保管?

校管干部的因私证照包括因私普通护照、因私往来港澳通行证、大陆居民往来台湾通行证，均应交给学校党委组织部集中保管。

校管干部的因公证照由学校国际处统一管理。

【参考】《中共中央组织部关于进一步加强领导干部出国（境）管理监督工作的通知》(组通字〔2014〕14 号，2014 年 3 月 16 日)。

128. 校管干部申请因私出国（境）应如何办理?

校管干部申请因私出国（境），须严格按干部管理权限，报学校党委组织部批准同意后，再到公安部门办理出国（境）手续。干部回国（境）后，须及时向所在单位报到，并在 10 天内将所持因私证照交回党委组织部集中保管。

为加强校管干部因私出国（境）管理，清华大学严格履行审批手续，具体如下：校管干部填写因私出国（境）申请表，先由所在单位主要负责人签署意见，再交党委组织部核准审批，之后可以领取个人因私出国（境）证照。其中，机关、后勤部门正职干部由分管校领导签署意见，院（系）、支撑服务机构等单位正职干部由党政正职交叉签署意见，副职干部由所在单位主要负责人签署意见。所有正职校管干部的申请，交党委组织部后还需由主管干部工作校领导批准同意方可领取证照。校管干部因私出国（境）一般应安排在假期，原则上一年不超过两次。

【参考】《中共中央组织部关于进一步加强领导干部出国（境）管理监督工作的通知》(组通字〔2014〕14 号，2014 年

3月16日)；《关于加强党政机关县（处）级以上领导干部出国（境）管理工作的意见》（中办发〔1999〕23号，1999年6月26日）；《清华大学处级以上干部因私出国（境）管理办法》（2015年12月28日，清华大学党委）第五、八条。

129. 校管干部因私证照到期，应如何申请办理新证照？

校管干部申领/换领因私普通护照、因私往来港澳通行证及签注、往来台湾通行证及签注时，须填写《关于同意申办出入境证件的函》，交学校党委组织部后由主管干部工作校领导签字，再持函件前往北京市公安局出入境管理处办理相关事宜。在收到证照后五个工作日内，须将证照交党委组织部集中保管。

清华大学建立了"校管干部因私证照管理系统"，申请和审批流程已经实现了网上办理。

【参考】《清华大学处级以上干部因私出国（境）管理办法》（2015年12月28日，清华大学党委）第三条。

130. 校管干部什么情况下可以持因私护照执行公务，应如何办理？

校管干部中的教学科研人员因公临时出国开展学术交流合作，应持因公护照。存在下列三种特殊情况的，按程序经审批同意，可持因私护照出国，并允许凭因公出国任务批件及出入境记录，办理财务报销手续。

（1）持有前往国永久居留权或长期多次有效入境许可且入境许可种类与出访任务要求相一致的；

（2）只有持因私护照方可完成因公出访任务的；

（3）国家有文件明确规定，需持因私护照执行因公出访的任务和人员。

申请提交后先经所在单位正职审批、国际处审批通过，再由学校党委组织部审批后领取个人证件。

【参考】《关于加强和改进教学科研人员因公临时出国管理工作的指导意见》（厅字〔2016〕17 号，2016 年 5 月 11 日）。

131. 哪些校管干部需要报告个人有关事项？

（1）具有独立法人资格的二级单位中的校管干部；

（2）内设党组织职能机构、行政管理职能机构、群团组织、后勤单位等具有管理职能的二级单位中的校管干部。

【参考】《领导干部报告个人有关事项规定》（2017 年 2 月 8 日，中共中央办公厅、国务院办公厅）第二条。

132. 校管干部什么时间需要报告个人有关事项？

根据报告时间的不同，校管干部报告个人有关事项一般分为年度集中报告、首次报告、及时报告三类。

年度集中报告：校管干部应当于每年 1 月 31 日前集中报告上一年度个人有关事项情况，并对报告内容的真实性、完整性负责，自觉接受监督，具体填报时间以学校党委组织部年度通知为准。

首次报告：拟提拔为校管干部考察对象，或者拟列入优秀年轻干部人选，在拟提拔、拟列入时，根据"凡提必核"要求填报个人有关事项报告。

及时报告：年度集中报告后，校管干部如发生以下事项，应当在事后 30 日内按照规定报告。（1）婚姻状况发生变化；（2）家庭成员重大变化；（3）本人因私出国（境）情况；（4）配偶、子女及其配偶新受聘担任私营企业高级职务，新从事经商办企业，到国（境）外从业等情况；（5）因工作岗位变化等原因，出现本人与亲属应当实行回避的情况等。因特殊原因不能按时报告的，特殊原因消除后应当及时补报，并说明原因。

【参考】《领导干部报告个人有关事项规定》（2017年2月8日，中共中央办公厅、国务院办公厅）第三、五、六条。

133. 哪些干部应当参加年度考核？

所有现职校管干部均应参加干部年度述职考核和民主测评。

担任多项职务的领导干部，一般在承担主要工作职责的单位进行考核，对兼任的其他工作以适当方式进行了解。

新提拔任职的领导干部，按照现任职务进行考核，注意了解在原任职岗位的工作情况。

交流任职的领导干部，在现工作单位进行考核，其交流任职前的有关情况由原单位提供。

援派或者挂职锻炼的领导干部，由当年工作半年以上的地方或者单位进行考核，以适当方式听取派出单位或者接收单位的意见。

年度内病、事假累计超过半年的领导干部，参加年度考核，不确定等次。

【参考】《党政领导干部考核工作条例》（2019年4月7日）第二十二条。

134. 校管干部参与教育培训的学时要求是如何规定的？

校管干部每年应参加干部教育培训110学时以上，5年累计不少于550学时或3个月。校管干部每年还应通过"学习强国"学习平台、中国干部网络学院等途径参加网络培训50学时以上。

清华大学建立了分层分类的干部教育培训体系：

（1）面向全体校管干部，每年开展全校干部学习班、综合素养提升培训班、时事政治专题学习班、正职干部培训班、新任干部学习班等学习培训。

（2）面向副职干部，按岗位职责类别分为行政、思政、人事、外事、教务、科研六个系列，每年开展副职管理能力系列专题培训班。

（3）面向年轻干部，每年开展优秀年轻干部学习班、校机关后勤干部国际化能力提升培训班等学习培训。

【参考】《2018—2022 年全国干部教育培训规划》（2018 年11 月）第一部分；《2019—2022 年清华大学干部教育培训实施方案》（2019 年 7 月，清华大学党委组织部）第一部分。

135. 院（系）下设的系（所）干部有无参加教育培训的要求？

清华大学要求院（系）下设的系（所）干部在任期内应参加一次学校举办的系（所）干部专业化能力培训班，培训时间一般为 2 天。

【参考】《2019—2022 年清华大学干部教育培训实施方案》（2019 年 7 月，清华大学党委组织部）第三部分。

党员队伍建设

一、党员教育培训

136. 党员教育管理的首要政治任务是什么?

党员教育管理的首要政治任务是用习近平新时代中国特色社会主义思想武装全党,引导党员充分认识学习贯彻习近平新时代中国特色社会主义思想的重大意义,自觉学懂弄通做实。

【参考】《中国共产党党员教育管理工作条例》(2019 年 5 月 6 日)第五条。

137. 党员教育的基本任务是什么?

党员教育的基本任务包括政治理论教育、政治教育和政治训练、党章党规党纪教育、党的宗旨教育、革命传统教育、形势政策教育、知识技能教育七个方面。

学校各级党组织应重点围绕坚持马克思主义指导地位、落实立德树人根本任务、培养社会主义建设者和接班人开展党员教育培训。

【参考】《中国共产党党员教育管理工作条例》(2019 年 5 月 6 日)第三章;《2019—2023 年全国党员教育培训工作规划》(2019 年 11 月)第三部分。

138. 党员日常教育管理的主要方式有哪些?

党支部应当运用"三会一课"制度,对党员进行经常性的教育管理。党支部应当每月开展 1 次主题党日,组织党员集中学习、过组织生活、进行民主议事和开展志愿服务等。党员应当按期交纳党费。

党支部每年至少召开 1 次组织生活会,也可以根据工作需要随时召开。党支部一般每年开展 1 次民主评议党员。

党支部应当注重分析党员思想状况和心理状态,党支部书记和委员应当经常同党员谈心谈话,有针对性地做好思想政治工作。

学校和院(系)级党组织每年应当组织党员集中轮训。

党组织应当按照党中央部署要求,组织党员认真参加党内集中学习教育。应当充分发挥党员的先锋模范作用,结合不同群体党员实际,通过树立、学习身边的榜样,设立党员示范岗、党员责任区,开展设岗定责、承诺践诺等。应当鼓励和引导党员参与志愿服务。

【参考】《中国共产党党员教育管理工作条例》(2019 年 5 月 6 日)第四章。

139. 党员每年学习培训时间应达到多少?

党员每年参加集中学习培训时间一般不少于 32 学时。预备党员在预备期内和转正后 1 年内一般要各参加 1 次由上级党组织组织的集中培训。

【参考】《中国共产党党员教育管理工作条例》(2019 年 5 月 6 日)第二十条;《2019—2023 年全国党员教育培训工作规划》(2019 年 11 月)第四部分。

140. 对新党员应重点开展哪方面的教育培训?

对新党员,重点开展党的基本知识、党性党风党纪、党的优良传统等教育培训，强化思想入党，提升他们的政治觉悟和理论素养。

【参考】《2019—2023年全国党员教育培训工作规划》（2019年11月）第三部分。

141. 对青年党员应重点开展哪方面的教育培训？

对青年党员，要进行系统理论教育和严格党性锻炼，引导他们传承红色基因、培养奋斗精神、练就过硬本领。

【参考】《2019—2023年全国党员教育培训工作规划》（2019年11月）第三部分。

142. 对老年党员应重点开展哪方面的教育培训？

对老年党员，重点开展党的创新理论、形势政策等教育培训，引导他们保持革命本色、发挥传帮带作用。

【参考】《2019—2023年全国党员教育培训工作规划》（2019年11月）第三部分。

143. 经批准出国（境）党员，出国（境）前党组织对党员应做好哪些教育工作？

党员出国（境）前，所在单位党组织要对他们做好政治思想工作。要教育他们热爱祖国，严格保守党和国家秘密。在国（境）外不得以党员身份参加任何活动。出国（境）期间，应以适当方式保持与原所在单位党组织的联系。

【参考】《党务工作500问》（党建读物出版社，2019年6月）第300问。

144. 如何运用信息化手段创新党员教育培训方式？

开展党员教育培训要创新运用好互联网技术和信息化手段。

推进基层党建传统优势与信息技术深度融合，探索适应信息化发展趋势和受众特点的教育培训有效方式，推进党员教育管理网站、移动客户端等平台一体化建设。坚持线上和线下相结合，用好"共产党员"教育平台、"学习强国"学习平台、党性教育基地网上平台、北京长城网等载体，为党员提供在线学习培训、参与党内事务和关怀帮扶等服务。通过网络向群众宣传党的理论和路线方针政策，听取群众意见，联系服务群众。

【参考】《中国共产党党员教育管理工作条例》（2019 年 5 月 6 日）第八章；《2019—2023 年全国党员教育培训工作规划》（2019 年 11 月）第四部分。

145. 党员徽章的标准样式是什么？

党员徽章的标准样式为：正面上方为中国共产党党旗图案，下方为圆形图案，印有"为人民服务"字样；徽章尺寸为 24mm×22.5mm×2mm；材质为锌挂镀仿金。

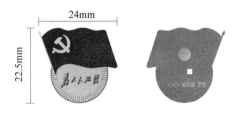

图 1　党员徽章图样

【参考】《中共中央组织部办公厅关于规范党员佩戴党员徽章有关事宜的通知》（组厅字〔2017〕25 号，2017 年 6 月 15 日）。

146. 党员如何规范佩戴党员徽章？

党员在下列情况应当佩戴党员徽章：一是党内重大活动，包括召开各级党员代表大会、代表会议、党委全会等；二是基层党组织开展志愿服务、结对帮扶、党内关爱等活动；三是窗口单位和服务行业党员上岗工作时；四是经基层党委审定需要佩戴党员徽章的其他活动。

党员徽章应佩戴在左胸中间位置。

【参考】《图解：佩戴党员徽章的正确方法与场合》（共产党员网）。

二、党的组织生活

147. 什么是党的组织生活？

党的组织生活是党内政治生活的重要内容和载体，是党组织对党员进行教育、管理和监督的主要形式，是党员进行政治理论学习、开展思想交流的主要途径。每个党员，不论职务高低，都必须编入党的一个支部、小组或其他特定组织，参加党的组织生活，接受党内外群众的监督。

【参考】《中国共产党章程》（2017年10月24日）第八条；《关于新形势下党内政治生活的若干准则》（2016年10月27日）第九部分。

148. 什么是党的组织生活制度？

党的组织生活制度包括："三会一课"制度、民主生活会和组织生活会制度、谈心谈话制度、民主评议党员制度、请示报告制度等。

党支部应当严格执行党的组织生活制度，经常、认真、严肃地开展批评和自我批评，增强党内政治生活的政治性、时代性、原则性、战斗性。

【参考】《关于新形势下党内政治生活的若干准则》（2016

年 10 月 27 日）第九部分；《中国共产党支部工作条例（试行）》（2018 年 10 月 28 日）第五章。

149. 什么是"三会一课"？

"三会一课"是指按照党章和党内有关规定，党支部应当定期召开党支部委员会会议，组织党员按期参加党员大会、党小组会和上党课。

"三会一课"应当突出政治学习和教育，突出党性锻炼，以"两学一做"为主要内容，结合党员思想和工作实际，确定主题和具体方式，做到形式多样、氛围庄重。"三会一课"是党的组织生活的重要制度，是党内政治生活的重要载体，是提高党的创造力、凝聚力、战斗力的重要途径。

【参考】《中国共产党支部工作条例（试行）》（2018 年 10 月 28 日）第十六条。

150. 党支部组织生活有哪些要求？

党支部组织生活是指：由党支部党员大会或党小组会召开的，以上党课、学习党内文件、汇报思想、民主评议党员、总结报告工作等为主要内容的活动或会议，也包括主题党日和组织生活会。

党支部或党小组每月应至少开展一次组织生活；以党小组方式为主开展组织生活的，党支部每季度应至少召开一次全体党员大会。党支部应根据学校党委及院（系）级党组织的工作要点和每学期组织生活安排，在学期初结合工作实际确定组织生活的内容、时间和形式。坚持开展主题党日、期末专题组织生活，认真做好组织生活开展情况的记录。要创新组织生活的形式和载体，增强组织生活的政治性、时代性、原则性、战斗性，不断提高组织生活质量。

【参考】《党的基层组织制度建设工作手册（新编本）》（党建读物出版社，2019年3月重印）第144项。

151. 党支部组织生活有哪些内容？

党支部组织生活的主要内容包括：对党员进行教育，组织党员学习马克思列宁主义、毛泽东思想、邓小平理论、"三个代表"重要思想、科学发展观、习近平新时代中国特色社会主义思想，学习党的路线、方针、政策和决议，学习党的基本知识，学习科学、文化、法律和业务知识，传达中央和上级党组织的文件、指示，开展批评与自我批评，发展党员，处理违纪党员和不合格党员，开展适合党员特点的多种形式的活动。

【参考】《党支部工作手册（新编本）》（党建读物出版社，2019年3月）第125项。

152. 党支部组织生活可以采用哪些形式？

丰富组织生活的形式是提高组织生活质量、增强党支部的创造力、凝聚力和战斗力的需要。组织生活的形式应力求形式多样、生动活泼、富有实效。具体来说，组织生活除了安排学习党内文件，讨论党的建设和工作的重要问题外，还可以开展多种形式的活动，比如：围绕党员、群众关心的社会问题、热点问题进行讨论，求得正确的认识；组织党员观看有教育意义的电影、演出等，然后进行讨论；组织党员参观有教育意义的展览；组织重温"入党志愿"，为党员过"政治生日"；组织党员到红色基地学习，开展有利于展示共产党员风貌、发挥党员先锋模范作用的主题实践活动；请领导和专家做政治形势、光荣传统、党风党纪教育等报告；开展党支部调研课题和特色活动；等等。

【参考】《基层党务工作实用手册》（党建读物出版社，2018年10月）第四篇。

153. 为什么要开展主题党日?

开展主题党日,是党内经常性教育的有效载体,是新形势下坚持党的组织生活制度,提高党的组织生活质量的有效形式,是党支部开展工作、党员参加党的活动的制度保证。要推广党支部主题党日,组织党员在主题党日开展"三会一课"、交纳党费、参加服务群众等活动。

【参考】《关于推进"两学一做"学习教育常态化制度化的意见》(2017 年 3 月, 中共中央办公厅);《党的基层组织制度建设工作手册(新编本)》(党建读物出版社, 2019 年 3 月重印)第 150 项。

154. 开展主题党日有哪些要求?

党支部每月相对固定一天开展主题党日,组织党员集中学习、过组织生活、进行民主议事和志愿服务等。

为了进一步健全规范党支部主题党日制度,北京市规定:主题党日要列入党支部年度工作计划。主题党日以党支部为单位组织全体党员参加。主题党日开展前,党支部应当认真研究确定主题和内容,聚焦增强党性、提高素质、服务群众等方面;开展后,应当抓好议定事项的组织落实。党支部可根据当月党日主题,扩大参加主题党日的人员范围,邀请党员发展对象、入党积极分子或群众代表参加。

【参考】《中国共产党支部工作条例(试行)》(2018 年 10 月28 日)第十六条;《关于健全规范党支部主题党日制度的规定》(2017 年 9 月 5 日, 北京市委组织部)。

155. 什么是组织生活会?

组织生活会是党支部或党小组以交流思想、总结经验教训、开展批评与自我批评为中心内容的组织生活的一种形式。组织生活会一般以党支部党员大会、党支部委员会会议或者党小组会形式召开。组织生活会应当确定主题，会前认真学习，谈心谈话，听取意见；会上查摆问题，开展批评和自我批评，明确整改方向；会后制定整改措施，逐一整改落实。组织生活会一般由党支部书记（党小组长）主持。

【参考】《中国共产党支部工作条例（试行）》（2018年10月28日）第十七条；《基层党务工作实用手册》（党建读物出版社，2018年10月）第四篇。

156. 组织生活会应当多长时间召开一次？

党支部每年至少召开1次组织生活会，一般安排在第四季度，组织生活会前学校将发布有关工作安排和具体要求。党支部也可以根据工作需要随时召开组织生活会。

【参考】《中国共产党支部工作条例（试行）》（2018年10月28日）第十七条。

157. 什么是双重组织生活制度？

双重组织生活制度是指党员领导干部既要参加定期召开的党员领导干部的民主生活会，还应当以普通党员身份参加所在党支部（党小组）的组织生活会，过好双重组织生活。

【参考】《县以上党和国家机关党员领导干部民主生活会若干规定》（2016年12月23日）第三条。

158. 缺席组织生活的党员应当如何进行补学？

清华大学对于因病因事不能出席组织生活的党员，要求做到会前请假，会后补学。补学可以自行学习有关材料文件，也可以通过网络平台等进行学习。补学要求由院（系）级党组织结合实际研究决定。

【参考】《清华大学教职工党支部工作规定》（2019 年 3 月 13 日，清华大学党委）第十二条;《关于实行党员活动日制度和组织生活考勤通报制度的通知》（2017 年 7 月 24 日，清华大学党委组织部）。

159. 离退休教职工党员参加组织生活有什么要求?

组织离退休教职工党员过组织生活，要结合老党员的身体、居住和家庭等实际情况，采取分组学习、自学、送学上门、网络交流等灵活的学习方式和多样化的组织生活形式。

对于年老多病、行动不便、身患重病甚至失能的党员，组织活动和开展学习教育不作硬性要求，党支部应指定党员负责联系，向他们传达党内文件精神并反映他们的意见和要求，通过走访慰问等方式给予关心照顾。

【参考】《中国共产党党员教育管理工作条例》（2019 年 5 月 6 日）第二十三条。

160. 长期病休的党员怎样参加组织生活?

对于因病长期休养的党员，党组织要从政治上、思想上、生活上关心他们，对于他们的组织生活，应视具体情况采取不同的方式。

（1）对于那些身体状况较差，参加党的组织生活有困难的党员，党组织不要勉强要求他们参加组织生活，可指定专人负责与他们联系，向他们传达党内文件精神和党内重要活动的情况，听取他们的意见和要求。

（2）对于那些身体条件许可，本人坚持要求参加组织生活的党员，在安排他们参加组织生活时，次数不宜太多，时间不要太长。

（3）对于休养地点距离单位较远、休养时间较长的党员，党组织可开具党员证明信，把他们介绍给所去的疗养单位或有关地方的党组织，由这些单位的党组织酌情安排他们过组织生活。

【参考】《党员实用手册（新编本）》（党建读物出版社，2018 年 1 月重印）第 111 项。

161. 女党员在休产假期间是否还需要参加组织生活?

女党员在国家规定的产假期间，可以免予参加组织生活。产假期满后，单位给予延长产假的，在延长产假期间，一般应参加组织生活。如果确实因困难不能参加组织生活的，应当事先向党组织请假。

【参考】《党支部工作手册（新编本）》（党建读物出版社，2019 年 3 月）第 144 项。

162. 短期外出的党员参加组织生活有什么要求?

对外出党员的组织生活，应区别不同情况，加强管理。

（1）党员长期外出（借调、实习、进修或其他原因经党组织同意外出的），且有固定地点，时间在 6 个月以上，不能回原单位参加组织生活的，原单位的党组织应将他们的组织关系转到外出所去地方或单位的组织。

（2）党员外出在 3 个月以上 6 个月以内的，原单位党组织可出具党员证明信或流动党员活动证，由所去地方或单位的党组织将其编入党支部或党小组参加组织生活。

（3）党员外出地点不固定，无法转移组织关系，时间在 3 个月以上者，应主动以适当方式与原单位党组织保持联系，汇报外出活动情况，并按时交纳党费。

（4）党员临时出差（3 个月以内），经党组织同意，可暂不参加组织生活，但应与原单位党组织保持联系，返回原单位后应向党组织汇报外出期间的工作、学习、思想等情况。

（5）有 3 人以上党员集体外出、地点相对集中的，原所在党组织可在他们中建立党支部或党小组（或临时党支部），定期过组织生活。

（6）对于擅自外出或没有正当理由长期不过组织生活的党员，党支部应对他们进行教育，经教育仍无转变的，应根据党章规定，予以严肃处理。

【参考】《关于加强党员流动中组织关系管理的暂行规定》（1994 年 1 月 4 日，中共中央组织部);《关于加强和改进流动党员管理工作的意见》（中办发〔2006〕21 号，2006 年 6 月 21 日）第二部分;《基层党务工作实用手册》（党建读物出版社，2018 年 10 月）第四篇。

163. 民主评议党员应当多长时间开展一次？

党支部在院（系）级党组织的领导下，一般每年开展一次民主评议党员。党支部应组织党员对照合格党员标准、对照入党誓词，联系个人实际进行党性分析。民主评议党员可以结合组织生活会一并进行。

【参考】《中国共产党支部工作条例（试行)》（2018 年 10 月 28 日）第十八条。

164. 民主评议党员的程序是怎样的？

党支部召开党员大会开展民主评议党员的主要程序是：

（1）集中学习。学习党章有关内容，学习党中央和上级党组织有关文件精神。

（2）通报有关情况。由党支部书记通报会前准备情况，通报党员参加组织生活、遵守党的纪律、交纳党费、完成党组织交给的任务等方面的情况，通报党支部征求群众意见的情况。

（3）党员个人自评。与会党员分别对照党员标准，对照党中央和上级组织的要求，从参加党的组织生活、坚定理想信念、严守党的纪律、践行党的宗旨、转变工作作风、履行党员义务、发挥先锋模范作用等方面，查找自身问题，开展自我批评。

（4）党员互评。党支部书记和党支部委员会其他成员带头开展批评，其他党员相互开展批评。党员相互评议，可以安排在党支部全体党员个人自评之后，也可以逐个进行，即某一个党员个人自评之后，其他党员随即对其进行评议。

（5）开展民主测评。清点与会党员人数和参加民主测评的群众代表人数；发放测评表；对党员进行投票测评；统计民主测评结果。

（6）上级领导点评。上级党组织和有关部门负责同志进行点评，对下一步工作提出要求。

（7）进行会议小结。党支部书记作简要总结和表态发言。

党员人数较多的党支部，个人自评和党员互评可以在党小组范围内进行，民主测评要在党支部全体党员范围进行。

【参考】《党支部应如何开展民主评议党员》（共产党员网）。

165. 确定民主评议党员的等次时应遵循哪些原则？

党支部委员会会议或者党员大会应根据评议情况和党员日常表现情况，实事求是地提出评定意见，按照"优秀""合格""基本合格""不合格"确定等次并向党员本人反馈。评为"优秀"的比例一般不超过参加评议的正式党员的三分之一。对评定为"优秀"的党员要予以表扬褒奖，上级党组织开展党内表彰一般应从中遴选。对评定为"合格"的党员肯定优点，提出希望和要求。对评定为"基本合格"的党员，要指出差距，帮助改进提高。对评定为"不合格"的党员，要立足教育转化，按规定办法和程序作出组织处置。对受到党内警告处分的党员，不评定为"优秀"等次；对受到党内严重警告以上处分的党员，处分期内不评定等次。

【参考】《中国共产党支部工作条例（试行）》（2018年10月28日）第十八条；《中共中央组织部关于召开2020年度基层党组织组织生活会和开展民主评议党员几个问题的通知》（组通字〔2020〕30号）。

166. 预备党员是否应该参与民主评议？

预备党员也应该参加民主评议，评议的内容、要求和方法步骤与正式党员基本相同，其评议结果作为转正考察的重要参考。但是，由于预备党员还在预备期中，正在接受党组织的考察教育，还没有取得正式党员的资格，所以不评定等次，需要进行组织处理的预备党员也不能对其做劝退处理，可以根据具体情况进行批评教育、延长预备期或取消预备党员资格。

【参考】《基层党务工作实用手册》（党建读物出版社，2018年10月）第四篇。

167. 出国（境）留学、工作的党员是否参与民主评议？

当前在国（境）外短期工作、学习、生活的党员应列入被评议对象并参加评议。因本人无法出席组织生活会，党支部书记介绍该党员的具体情况时，应告知其他党员该同志的现实情况，避免因为无法参加现场评议而被评为"不合格"。

党员因出国半年以上不能参加民主评议的，经报上级党组织同意，并经党支部党员大会通过，可不列入评议对象。

【参考】《党支部应如何开展民主评议党员》（共产党员网）。

168. 对不能参加民主评议的党员怎样进行评议？

在民主评议中，对年老体弱、行动不便的党员，要采取适当方式组织他们参加组织生活会和民主评议党员。党组织应从思想上、生活上关心他们，不能因其参加不了评议而评为不合格党员。当然, 如确实存在不合格的问题, 且经教育没有转化的, 也要妥善进行处置。

【参考】《党务工作500问》(党建读物出版社,2019年6月) 第307问。

169. 流动党员应当在哪里参加民主评议?

流动党员原则上应回原所在单位党组织参加民主评议。如果流动期间适逢外出所在地或单位党组织开展民主评议, 可以参加学习, 接受教育, 但不能以此代替回原所在单位党组织参加民主评议。

【参考】《党务工作500问》(党建读物出版社,2019年6月) 第308问。

170. 入党积极分子和群众是否可以参与民主评议党员?

党支部可根据实际, 邀请一定数量的入党积极分子和群众参加党员民主测评, 认真听取群众意见, 自觉接受群众监督。对党内外评议的意见, 由党支部委员会进行实事求是的分析、综合, 形成组织意见。

【参考】《党支部应如何开展民主评议党员》(共产党员网)。

171. 民主评议党员时, 受到党纪处分的党员如何评定等次?

民主评议党员时,受到党内警告处分的党员,不得评定为"优秀"等次;受到党内严重警告以上处分的党员,不得评定为"合格"及以上等次。

【参考】《中共中央组织部关于召开2020年度基层党组织组织生活会和开展民主评议党员几个问题的通知》(组通字〔2020〕30号);《关于做好处置不合格党员工作的通知》(中组发〔2014〕21号,2014年8月)第三条。

172. 党员具有哪些情形可以认定为不合格党员?

对民主评议中被评为"不合格"的党员,党支部委员会(不设委员会的召开党支部党员大会)要结合平时掌握的党员现实表现,对照以下情形,客观准确地认定不合格党员。

(1)理想信念缺失,对马克思主义缺乏信仰,对中国特色社会主义缺乏信心,推崇西方价值观念和社会制度,热衷于组织、参加宗教活动和封建迷信活动。

(2)政治立场动摇,在思想上、政治上、行动上不能自觉与党中央保持一致,不能严格遵守党的政治纪律和国家法律法规,传播政治谣言及有损党和国家形象的言论。

(3)宗旨观念淡薄,服务群众意识差,利己主义严重,与民争利甚至损害群众利益,在人民群众生命财产安全受到威胁时临危退缩。

(4)工作消极懈怠,不思进取、不负责任、不敢担当,在生产、工作、学习和社会生活中不起先锋模范作用,落后于普通群众。

(5)组织纪律散漫,不按规定参加党的组织生活,不按时交纳党费,不完成党组织分配的任务,不按党的组织原则办事,甚至参加非组织活动。

(6)道德行为不端,违反社会公德、职业道德、家庭美德,贪图享受,奢侈浪费,沉迷低级趣味,生活作风不检点。

【参考】《关于做好处置不合格党员工作的通知》(中组发〔2014〕21号,2014年8月)第一条。

173. 对民主评议为不合格的党员处置方式有哪些?

对评定为"不合格"的党员,党组织要根据其表现和态度进行组织处置。组织处置方式分为限期改正、劝退、除名。对有继续留在党内的愿望、愿意接受教育并决心改正的不合格党员,党组织应要求其限期改正,时间一般为1年;限期改正期间,党员权利不受影响。对拒不改正或限期改正期满仍无转变的,应当劝其退党，劝而不退的予以除名。党员如果没有正当理由，连续6个月不参加党的组织生活，或不交纳党费，或不做党所分配的工作，按自行脱党予以除名。

【参考】《关于做好处置不合格党员工作的通知》（中组发〔2014〕21号，2014年8月）第二条。

174. 对不合格党员进行组织处置应当按照什么程序？

（1）党支部在民主评议党员工作中，根据个人自评、党员互评、民主测评结果，由党支部委员会对有不合格表现的党员作出初步认定。

（2）党支部对党员不合格表现进行调查，形成调查核实材料，党支部委员会提出初步处置意见。院（系）级党组织可派人参加。

（3）党支部将初步处置意见、调查核实材料报院（系）级党组织预审。对拟作出劝退、除名处置的，由院（系）级党组织报学校党委组织部预审。

（4）经预审同意后，党支部召开党员大会，通报对拟处置党员调查核实和预审情况，讨论处置意见并进行表决。

（5）对作出限期改正处置的，由院（系）级党组织集体研究审批；对作出劝退、除名处置的，由院（系）级党组织集体研究提出审批意见，报学校党委组织部审批。党支部接到审批意见后，及时通知被处置党员，并以适当方式宣布。

对按照《中国共产党纪律处分条例》规定应当给予党纪处分的党员，不能用组织处置代替党纪处分。对受警告、严重警告、撤销党内职务、留党察看处分的党员，一般不因同一问题再进行组织处置；但有其他不合格表现的，应当按程序作出相应处置，对被劝退、除名的及时通报纪检机关。

【参考】《关于做好处置不合格党员工作的通知》（中组发〔2014〕21号，2014年8月）第二条。

三、党员权利保障

175. 党员享有哪些权利?

党章规定,党员享有八个方面权利。新修订的《中国共产党党员权利保障条例》将这八个方面权利明确细化为 13 项:党内知情权、接受党的教育培训权、党内参加讨论权、党内建议和倡议权、党内监督权、党内提出罢免撤换要求权、党内表决权、党内选举权和被选举权、党内申辩权、党内提出不同意见权、党内请求权、党内申诉权、党内控告权。

预备党员除了没有党内表决权、党内选举权和被选举权以外,享有同正式党员一样的权利。

【参考】《中国共产党党员权利保障条例》(2020 年 11 月 30 日修订)第二章。

176. 党员应如何正确行使权利?

党员行使权利必须以履行义务、担当责任、遵守纪律为前提。党员应当增强党的观念和主体意识,将行使党章规定的权利作为对党应尽的责任,向党组织讲真话、讲实话、讲心里话,敢于担当、敢于负责,遵守纪律规矩,正确行使权利。

党员在讨论党的基本理论、基本路线、基本方略的过程中,应当自觉同党中央保持高度一致。党员不得公开发表同党中央决定不一致的意见。党员进行批评、揭发、检举以及提出处理、处分要求,应当通过组织渠道,不得随意扩散传播、网络散布,不得夸大和歪曲事实,更不得捏造事实、诬告陷害。党员提出罢免或者撤换不称职领导干部要求,应当严肃负责,按照组织原则,符合有关程序。

【参考】《中国共产党党员权利保障条例》(2020 年 11 月 30

日修订）第二章。

177. 党员不正确行使权利的情形有哪些，应如何处理？

党员不正确行使权利有五种情形：公开发表违背党的理论路线方针政策和党中央重大决策部署的观点和意见；不按照组织原则和程序进行批评、揭发、检举、控告以及提出处理、处分、罢免、撤换要求，或者随意扩散、传播；制作、发布、传播违反党的纪律或者法律法规规定的网络信息或者其他信息；捏造事实、伪造材料诬告陷害；其他不正确行使党员权利的行为。

有上述行为之一的，应当依规依纪追究责任。

【参考】《中国共产党党员权利保障条例》（2020年11月30日修订）第四十六条。

178. 党员应该怎样行使表决权？

党员有党内表决权，有权按照规定在党组织讨论决定问题时参加表决，在表决前了解情况，在讨论中充分发表意见。表决时可以表示赞成、不赞成或者弃权。

党组织讨论决定问题时必须坚持民主集中制，执行少数服从多数原则，决定重要问题应当按照规定进行表决。表决前应当充分讨论酝酿，表决情况和不同意见及其理由应当如实记录。

党员的表决权必须充分体现党员的个人意志，党员在对所要决定的问题进行深入的了解和全面研究之后，如果认为决定切实可行，即可投票赞成；反之，即可投票反对。如果党员认为决定有合理的因素，但又不能完全赞同，应进一步完善，表决时可以投弃权票。

【参考】《中国共产党党员权利保障条例》（2020年11月30日修订）第十三、二十六条；《党员实用手册（新编本）》（党建读物出版社，2018年1月重印）第26项。

179. 党员应该怎样行使选举权和被选举权?

党员有党内选举权,有权参加党内选举,了解候选人情况、要求改变候选人、不选任何一个候选人和另选他人。

党员有党内被选举权,有权经过规定程序成为候选人和当选。

党的任何组织和任何党员不得以任何方式妨碍党员在党内自主行使选举权和被选举权,不得阻挠有选举权和被选举权的人到场,不得以任何方式追查选举人的投票意向。

【参考】《中国共产党党员权利保障条例》(2020 年 11 月 30 日修订)第十四、二十九条。

180. 哪些党员没有表决权、选举权和被选举权?

党员被依法留置、逮捕的,党组织应当按照管理权限中止其表决权、选举权和被选举权等党员权利。

党员受留党察看处分期间,没有表决权、选举权和被选举权。

党员被停止党籍的,党员权利相应停止。

预备党员没有表决权、选举权和被选举权。

【参考】《中国共产党党员权利保障条例》(2020 年 11 月 30 日修订)第六、三十条。

181. 党内选举中,党员是否可以放弃被选举的权利?

根据党章规定的精神,党员享有被选举的权利,也有请求放弃被选举的权利。党员在党内选举中,按照规定的程序被提名为党员代表大会代表、党的委员会委员或其他党内职务的候选人后,如果因健康状况、工作能力或者其他正常原因,自己认为当选后不能胜任的,可以向党组织提出不作为候选人的请求。党组织应充分考虑党员本人的意见,并根据党员的实际情况和多数选举人的意见作出同意与否的决定。如果党员放弃被选举权的请求未获同意，应尊重多数选举人的意见，服从党组织的决定。

【参考】《党员实用手册（新编本）》（党建读物出版社，2018 年 1 月重印）第 36 项。

182. 党员在受处分、被诬告等情形下，党员权利如何保障？

党员被依法留置、逮捕的，党组织应当按照管理权限中止其表决权、选举权和被选举权等党员权利。根据监察机关、司法机关处理结果，可以恢复其党员权利的，应当及时予以恢复。党员受留党察看处分期间，没有表决权、选举权和被选举权。留党察看期间确有悔改表现的，期满后应当恢复其党员权利。

党组织对受到处理、处分的党员应当进行跟踪回访，教育引导他们正确认识、改正错误，放下包袱、积极工作。对于影响期满、表现好的党员，符合条件的应当正常使用。

党组织应当建立健全激励机制，把党员在推进改革中因缺乏经验、先行先试出现的失误错误，同明知故犯的违纪违法行为区分开来；把尚无明确限制的探索性试验中的失误错误，同明令禁止后依然我行我素的违纪违法行为区分开来；把为推动发展的无意过失，同为谋取私利的违纪违法行为区分开来。正确把握党员在工作中出现失误错误的性质和影响，给予实事求是、客观公正的处理，保护党员担当作为的积极性。

对于诬告陷害行为，党组织应当依规依纪严肃处理。对于经核查认定党员受到失实检举控告、确有必要澄清的，应当按照规定对检举控告失实的具体问题进行澄清。

【参考】《中国共产党党员权利保障条例》（2020 年 11 月 30 日修订）第三十、三十三、三十四、三十六条。

四、党员监督和组织处置

183. 党组织对党员进行日常监督的方式和内容有哪些?

党组织应当通过严格组织生活、听取群众意见、检查党员工作等多种方式,监督党员遵守党章党规党纪特别是政治纪律和政治规矩情况,遵守宪法法律法规和道德规范情况,参加组织生活情况,履行党员义务、联系服务群众、发挥先锋模范作用情况等。

【参考】《中国共产党党员教育管理工作条例》(2019 年 5 月 6 日)第二十七条。

184. 什么是监督执纪"四种形态"?

监督执纪"四种形态"指的是:

第一种:经常开展批评和自我批评、约谈函询,让"红红脸、出出汗"成为常态;

第二种:党纪轻处分、组织调整成为违纪处理的大多数;

第三种:党纪重处分、重大职务调整的成为少数;

第四种:严重违纪涉嫌违法立案审查的成为极少数。

【参考】《中国共产党党内监督条例》(2016 年 10 月 27 日)第七条。

185. 在党员日常监督中发现问题的,可以采用哪些组织处置方式?

在党员日常监督中发现问题的,根据具体情形可以采取提醒谈话、批评教育、限期改正、劝其退党或除名。

【参考】《中国共产党党员教育管理工作条例》(2019 年 5 月

6 日）第六章。

186. 什么情况下应采用提醒谈话的方式？

发现党员有思想、工作、生活、作风和纪律方面苗头性倾向性问题的，以及群众对其有不良反映的，党组织负责人应当及时进行提醒谈话，抓早抓小、防微杜渐。

【参考】《中国共产党党员教育管理工作条例》（2019 年 5 月6 日）第二十八条。

187. 什么情况下应采用批评教育的方式？

对党员不按照规定参加党的组织生活、不按时交纳党费、流动到外地工作生活不与党组织主动保持联系的，以及存在其他与党的要求不相符合的行为、情节较轻的，党组织应当采取适当方式及时进行批评教育，帮助其改进提高。

【参考】《中国共产党党员教育管理工作条例》（2019 年 5 月6 日）第二十九条。

188. 什么情况下应采用限期改正的方式？

对缺乏革命意志，不履行党员义务，不符合党员条件，但本人能够正确认识错误、愿意接受教育管理并且决心改正的党员，党组织应当作出限期改正处置，限期改正时间不超过 1 年。对给予限期改正处置的党员应当采取帮助教育措施。

【参考】《中国共产党党员教育管理工作条例》（2019 年 5 月6 日）第三十条。

189. 什么情况下应采用劝其退党或除名的方式？

（1）理想信念缺失，政治立场动摇，已经丧失党员条件的，予以除名；

（2）信仰宗教，经党组织帮助教育仍没有转变的，劝其退党，劝而不退的予以除名；

（3）因思想蜕化提出退党，经教育后仍然坚持退党的，予以除名；

（4）为了达到个人目的以退党相要挟，经教育不改的，劝其退党，劝而不退的予以除名；

（5）限期改正期满后仍无转变的，劝其退党，劝而不退的予以除名；

（6）没有正当理由，连续6个月不参加党的组织生活，或者不交纳党费，或者不做党组织所分配的工作，按照自行脱党予以除名。

对违犯党纪的党员，按照《中国共产党纪律处分条例》规定给予党纪处分。

【参考】《中国共产党党员教育管理工作条例》（2019年5月6日）第三十一条。

190. 对受到限期改正、劝退、除名等组织处置的党员，党组织应开展哪些工作？

对受到限期改正处置的党员，党支部要通过谈心谈话、教育培训、结对帮扶等措施促其改正。限期改正期满，党支部对其进行评议，根据改正情况作出相应决议，按程序上报审批。对被劝退、除名的，院（系）级党组织要认真做好思想政治工作。被处置党员对处置结果有不同意见的，按《中国共产党党员权利保障条例》规定提出申诉。院（系）级党组织按照规定进行复议、复查，并对本人作出回复。

【参考】《关于做好处置不合格党员工作的通知》（中组发〔2014〕21号，2014年8月）。

191. 对违犯党纪的党员进行的纪律处分有哪几种？

对党员的纪律处分有五种：警告、严重警告、撤销党内职务、留党察看、开除党籍。

【参考】《中国共产党纪律处分条例》（2018年8月18日）第八条。

192. 受到纪律处分的党员要受哪些限制？

党员受到警告处分，一年内不得在党内提升职务和向党外组织推荐担任高于其原任职务的党外职务。

党员受到严重警告处分，一年半内不得在党内提升职务和向党外组织推荐担任高于其原任职务的党外职务。

党员受到撤销党内职务处分，二年内不得在党内担任和向党外组织推荐担任与其原任职务相当或者高于其原任职务的职务。

留党察看处分，分为留党察看一年、留党察看二年。留党察看期限最长不得超过二年。党员受到留党察看处分期间，没有表决权、选举权和被选举权。党员受到留党察看处分，其党内职务自然撤销。对于担任党外职务的，应当建议党外组织撤销其党外职务。受到留党察看处分的党员，恢复党员权利后二年内，不得在党内担任和向党外组织推荐担任与其原任职务相当或者高于其原任职务的职务。

党员受到开除党籍处分，五年内不得重新入党，也不得推荐担任与其原任职务相当或高于其原任职务的党外职务。另有规定不准重新入党的，依照规定。

党的各级党员代表大会的代表受到留党察看以上（含留党察看）处分的，党组织应当终止其代表资格。

【参考】《中国共产党纪律处分条例》（2018年8月18日）第十条至第十四条。

193. 怎样处理党员信仰宗教问题？

党员不得信仰宗教，不能参加宗教活动。对少数党员信仰宗教，参加宗教活动等问题，要区别不同情况，慎重对待，妥善处理。

（1）对于极少数组织、利用宗教活动反对党的路线、方针、政策和决议，破坏民族团结的，给予开除党籍处分。

（2）对于丧失共产主义信念，笃信宗教，或成为宗教职业者，经教育不改的，应劝其退党，劝而不退的予以除名。

（3）对于共产主义信念动摇，热衷于组织或参加宗教活动，经过批评教育，有转变决心和实际表现，本人要求留在党内的，可作限期改正处理；经过批评教育没有转变的，应劝其退党。

（4）对于受宗教观念影响或迫于社会、家庭的压力，参加一般性宗教活动，但本人能够执行党的路线、方针、政策，积极为党工作，服从党的纪律的党员，要对他们进行耐心细致的教育，帮助他们在思想和行动上摆脱宗教的束缚。

在信教比较普遍的少数民族聚居地区，要把党员信教同参加某些民族风俗活动区别开来。对于为了不脱离群众，尊重和随顺本民族的风俗习惯，参加一些传统的婚丧仪式和群众性节日活动，不应视为信仰宗教或参加宗教活动。

【参考】《中国共产党纪律处分条例》（2018 年 8 月 18 日）第六十一、六十二条；《基层党务工作实用手册》（党建读物出版社，2018 年 10 月）第四篇。

194. 党员参加封建迷信活动怎么处理？

封建迷信一般是指算命、相面、跳神、测风水等对神灵鬼怪的信仰。封建迷信活动毒化社会风气，扰乱社会秩序，严重危害人民身心健康，造成资源、资金极大浪费，给社会主义精神文明建设带来巨大的破坏作用。

党员从事封建迷信活动是违犯党纪的行为。对于党员参与封建迷信活动，党组织应坚决予以纠正。对于偶尔在婚丧、民间节日搞一些封建迷信活动的，主要是进行科学知识教育，帮助他们提高觉悟，认识封建迷信活动的危害，要求他们今后不再参加封建迷信活动。组织迷信活动的，给予撤销党内职务或留党察看处分；情节严重的，给予开除党籍处分。参加迷信活动造成不良影响的，给予警告或者严重警告处分；情节较重的，给予撤销党内职务或留党察看处分；情节严重的，给予开除党籍处分。

【参考】《中国共产党纪律处分条例》（2018 年 8 月 18 日）第六十三条；《基层党务工作实用手册》（党建读物出版社，2018 年 10 月）第四篇。

195. 共产党员能否加入民主党派?

共产党员一般不能加入民主党派。为了积极帮助民主党派加强领导班子建设，进一步健全、巩固和发展中国共产党领导的多党合作制度，对个别适合做民主党派领导工作的共产党员，在民主党派要求和同意的前提下，经上级党委批准，可以加入民主党派组织，调到民主党派工作。

【参考】《基层党务工作实用手册》（党建读物出版社，2018 年 10 月）第五篇。

196. 接到针对党员的投诉举报，院（系）级党组织应如何处理?

（1）收到投诉举报后，首先确认被举报人身份。如果涉及副处级以上干部或不属于本单位人员，报学校纪委办公室；如果属于本单位人员且不涉及副处级以上干部，记录相关事项，并将投诉举报信息报本单位书记、副书记（根据被举报人身份确定通知主管教工或学生工作的副书记）、纪检委员。投诉举报人使用本人真实姓名，并留有具体联系方式的，可通过电话、面谈等方式核实是否属于实名举报。对实名举报应及时告知投诉举报材料受理情况。

（2）院（系）级党组织根据投诉举报内容确定至少两人的调查组，调查组可由书记、副书记、纪检委员和其他必要的部门领导组成，针对投诉举报内容进行调查，视情况可同被举报人进行谈话，并让其就投诉举报内容作出书面情况说明。

（3）调查组根据调查情况，形成初步结论。若初步结论认定被举报人并无违法违规行为，存留相关材料后终止调查。若有新的材料出现，再启动进一步调查。若初步结论认定被举报人确有违规行为的，调查组向本单位党组织通报调查情况，由党组织作出事件认定结论及确定后续处理办法。对于党员、党组织涉嫌违反党纪或涉嫌违法的，应报学校纪委办公室进行处置。

（4）若调查中同被举报人进行过谈话的，需向被举报人通报认定结论。

（5）若为实名举报，需向实名举报人反馈结论，并记录反馈情况。

【参考】《中国共产党党内监督条例》（2016 年 10 月 27 日）第三十一条;《中国共产党纪律检查机关监督执纪工作规则》（2019 年 1 月，中共中央办公厅）;《纪检监察机关处理检举控告工作规则》（2020 年 1 月 21 日，中共中央办公厅）;《如何发挥信访举报在党内监督中的作用？》（共产党员网）。

197. 院（系）级党组织处理投诉举报应注意哪些事项？

（1）不向被举报人公开举报人任何信息;
（2）若为实名举报，需要同举报人进行核实;
（3）若为匿名举报，不向举报人反馈调查结论;

（4）及时记录调查进程，留存调查材料和结论。

【参考】《中国共产党党内监督条例》（2016年10月27日）第四十、四十三条。

198. 党员代表大会代表在任期内，哪些情形应当终止党员代表大会代表资格？

（1）受留党察看或者开除党籍处分的；

（2）被党组织劝退、除名或者自行脱党的；

（3）被停止党籍，或者丧失中华人民共和国国籍的；

（4）调离同级党员代表大会所属范围的；

（5）辞去代表职务被接受的；

（6）因病、因故死亡的。

【参考】《中国共产党全国代表大会和地方各级代表大会代表任期制暂行规定》（2008年7月16日）第五章。

199. 党员代表大会闭会期间，代表受到留党察看以上处分如何终止代表资格？

党员代表大会闭会期间，代表受到留党察看以上处分，应当终止其代表资格的，纪委按程序作出党纪处分决定的同时，报同级党委研究终止其同级党员代表大会代表资格或下一级基层党员代表大会代表资格。

【参考】《党务工作500问》（党建读物出版社，2019年6月）第287问。

五、党内表彰

200. 学校党委定期开展的党内表彰项目有哪些？

《中国共产党党内功勋荣誉表彰条例》规定，基层党委可以设立优秀共产党员、优秀党务工作者、先进党组织等表彰项目；经上级党组织批准，基层党委可以设立其他表彰项目。

清华大学党委一般每两年开展一次党内表彰，表彰项目包括清华大学先进党组织（党支部）、清华大学优秀共产党员、清华大学优秀党建与思想政治工作者（含党支部书记）、从事党务工作三十年以上的党务工作者年功表彰等。

【参考】《中国共产党党内功勋荣誉表彰条例》（2017 年 8 月 8 日）第十四条；《关于评选表彰先进党组织、优秀共产党员、优秀党建与思想政治工作者及对从事党务工作 30 年以上的党务工作者进行年功表彰的通知》（2021 年 4 月 8 日，清华大学党委办公室、党委组织部）。

201. 申报先进党组织（党支部）应具备哪些基本条件？

先进党组织（党支部）的基本条件是：坚持以习近平新时代中国特色社会主义思想为指导，坚决贯彻执行党的路线方针政策和上级党组织决策部署，牢固树立"四个意识"，坚定"四个自信"，模范做到"两个维护"；坚持党的全面领导，充分发挥党组织和党员作用，出色完成立德树人根本任务和其他重大任务，推进本单位事业发展成效显著；全面推进党的政治建设、思想建设、组织建设、作风建设、纪律建设，把制度建设贯穿其中，深入推进反腐败斗争，党组织创造力、凝聚力和战斗力强，在高校党的政治建设攻坚战中表现突出，领导班子团结务实、作风良好，党员队伍素质优良、形象好，党组织在师生中威信高。

教职工党支部还要模范执行系（室）务会制度，把好政治关，抓好教职工思想政治工作，在教学、科研、管理、服务等领域取得优异成绩。学生党支部还要健全与班委会、团支部协同工作机制，在引领学生成长成才中发挥重要作用。离退休人员党支部还要发挥正能量，在关心下一代、组织老同志互帮互助等工作中取得明显成效。

【参考】《关于评选表彰北京高校先进党组织优秀共产党员优秀党务工作者的通知》（京教工〔2020〕33号，2020年4月20日）。

202. 申报优秀共产党员应具备哪些基本条件？

优秀共产党员的基本条件是：理想信念坚定，政治立场坚定，对党忠诚，认真学习贯彻习近平新时代中国特色社会主义思想，在思想上政治上行动上同以习近平同志为核心的党中央保持高度一致；模范履行党员义务，正确行使党员权利，自觉遵守党的纪律；带头执行党的路线方针政策，牢记初心使命，在本职岗位上或重大活动、重大任务中充分发挥先锋模范作用，业绩显著，事迹突出；密切联系群众，真心服务群众，得到群众广泛认可。

教职工党员还要模范践行"四有好老师""四个引路人"要求，带头落实师德师风有关规定，在教学、科研、管理等工作中表现突出。学生党员还要模范践行"爱国、励志、求真、力行"等要求，带头执行校规校纪，在学习、科研、社会服务等工作中表现突出。离退休人员党员还要保持和发扬党的优良传统和作风，严于律己，老有所为。

【参考】《关于评选表彰北京高校先进党组织优秀共产党员优秀党务工作者的通知》（京教工〔2020〕33号，2020年4月20日）。

203. 申报优秀党务工作者应具备哪些基本条件?

优秀党务工作者的基本条件是:在符合优秀共产党员基本条件基础上,模范履行党的建设工作职责,热爱党务工作,取得显著成绩;讲党性、重品行、做表率,坚持原则,廉洁奉公,在党员和群众中具有较高威信;累计从事党务工作 3 年以上。基层党组织书记还要在抓党组织建设中表现突出。

【参考】《关于评选表彰北京高校先进党组织优秀共产党员优秀党务工作者的通知》(京教工〔2020〕33 号,2020 年 4 月 20 日)。

204. 院(系)级党组织设立的党内表彰项目一般有哪些?

院(系)级党组织设立的党内表彰项目一般包括先进党支部、优秀共产党员、优秀党务工作者(党支部书记)等。

【参考】《中国共产党党内功勋荣誉表彰条例》(2017 年 8 月 8 日)第十四条。

205. 院(系)级党组织集中开展表彰一般按什么程序进行?

院(系)级党组织集中开展表彰一般按照以下程序进行:

(1)启动。院(系)级党组织制定表彰工作方案,包括表彰项目、数量、表彰办法等,并在年底党统中报学校党委组织部备案。

(2)推荐。以党支部为单位提出推荐对象。

(3)考察。院(系)级党组织对推荐对象进行考察。经考察合格后,提出建议表彰对象。

(4)审核。召开党委会对建议表彰对象进行审核。经审核符合条件的,确定为拟表彰对象。

(5)公示。院(系)级党组织对拟表彰对象进行公示。

(6)决定。院(系)级党组织研究确定表彰对象,作出表彰决定。

【参考】《中国共产党党内功勋荣誉表彰条例》（2017 年 8 月 8 日）第十九条。

206. 哪类党内表彰可以追授?

优秀共产党员、优秀党务工作者可以追授。

【参考】《中国共产党党内功勋荣誉表彰条例》（2017 年 8 月 8 日）第十六条。

党员组织关系与党籍管理

一、党员组织关系管理

207. 什么是党员组织关系?

党员组织关系是指党员对党的基层组织的隶属关系。每个党员都必须编入党的一个支部、小组或者其他特定组织,参加党的组织生活,接受党内外群众的监督。

【参考】《中国共产党党员教育管理工作条例》(2019 年 5 月 6 日)第二十五条。

208. 什么情况下应当转移党员组织关系?

党员因升学、就业、工作调动等离开原单位,或因外出学习、工作、生活以及参军、挂职、实习等其他原因外出 6 个月以上并且地点相对固定的,应当转移组织关系,开具组织关系介绍信。

【参考】《中国共产党党员教育管理工作条例》(2019 年 5 月 6 日)第二十五条。

209. 哪一级党组织可在全国范围内直接相互转移党组织关系?

具有审批预备党员权限的院(系)级党委,可以在全国范围直接相互转移和接收党员组织关系。直属党总支转接党员组织关系需通过学校党委组织部办理。

【参考】《中国共产党党员教育管理工作条例》（2019 年 5 月 6 日）第二十五条。

210. 转出党员组织关系党组织的主要职责是什么？

（1）教育党员充分认识组织关系转接工作的重要性，详细说明组织关系转接流程和具体要求，督促党员按照规定及时转接组织关系。

（2）如实填写党员组织关系介绍信上的各项信息，加强跟踪联系，及时提醒转出党员反馈组织关系介绍信回执。

（3）对于转出组织关系有困难的党员，应及时帮助其解决遇到的困难，确保每个党员完成组织关系转接，杜绝新产生"口袋党员"、失联党员。

（4）对组织关系转出但尚未被接收的党员，原所在党组织仍然负有管理责任，应建立台账，保持定期联系。

【参考】《关于进一步加强党员组织关系管理的意见》（中组发〔2004〕10 号，2004 年 11 月 1 日）。

211. 接收党员组织关系党组织的主要职责是什么？

（1）认真核查党员组织关系介绍信上的内容，核实党员身份信息。核查内容包括介绍信的抬头、落款党委公章、党员类别是否正确，介绍信是否在有效期内、党费缴至年月等。核查信息无误的党员，及时为其办理组织关系接收手续，将党员编入一个党支部，并告知该党支部。如信息有误，需由原所在党组织重新开具介绍信。

（2）接收组织关系时，如有必要，可以采取适当方式核查党员档案。如发现入党手续不完备、入党材料不全或者填写混乱等问题时，按规定先接收组织关系，然后及时与其原单位党组织、发展其入党的党组织或者其上级党组织联系，辨别真伪，弄清原因，根据具体情况对其党员身份做出认定。对于人事档案不转入本单位的党员，转入组织关系时可由本人提供档案保管机构或原所在党组织出具的证明，证明其入党手续完备、入党材料齐全。

（3）接收党员组织关系后，应在1个月内将组织关系介绍信的回执以适当方式反馈转出组织关系的党组织。

（4）对于回原所在党组织办理组织关系转出手续有困难的党员，帮助其办理组织关系转出手续。

【参考】《关于进一步加强党员组织关系管理的意见》（中组发〔2004〕10号，2004年11月1日）;《中国共产党党员教育管理工作条例》（2019年5月6日）第二十五条。

212. 接收党员组织关系转入过程中，发现应转入的党组织与介绍信上信息不一致或临时发生变化时应如何处理？

接收党员组织关系转入过程中，如发现应转入的党组织与介绍信上信息不一致或临时发生变化，应转入的党组织要与转出的党组织核实情况，应当接收的，要及时接收，不得要求重新开具介绍信。对于转出党组织不具备转接党员组织关系权限，介绍信抬头、党员身份证号码有误或介绍信超过有效期限的党员组织关系介绍信应退回原所在党组织，并要求原所在党组织重新开具介绍信。

【参考】《中国共产党党员教育管理工作条例》（2019年5月6日）第二十五条。

213. 对于新转入的党员，核查其党员档案的过程中应注意哪些问题？

党员档案重点审核入党材料是否齐全、真实，发展程序是否符合规定等。具体包括：

（1）审核档案材料是否齐全。党员档案材料一般包括入党申请书、入党积极分子和发展对象培养考察材料、政审材料、入党申请报告、入党志愿书、转正申请书、票决情况汇总表等，特殊的还包括停止党籍、恢复党籍、退党、脱党、保留组织关系、恢复组织生活等材料。

（2）审核档案材料是否真实。重点审核：党员档案材料的时间、内容、字迹、各类登记表、证明材料等是否涂改或涉嫌造假。

（3）审核发展程序是否符合规定。重点审核：是否属异地（非学习或工作单位）培养发展；发展单位党组织是否具有审批预备党员的权限；入党年龄是否符合党章规定；培养和发展程序是否符合《中国共产党发展党员工作细则》等。

在党员档案审核中发现问题的，须向本人和原所在党组织核实相关情况。经核实，对不符合党员发展程序或不具备党员条件者，拟决定不予承认其党员身份的，需将具体情况报学校党委组织部审核把关。经党委组织部同意后，再正式对其党员身份做出认定，认定结果应及时通知所属党支部并送达当事人。

对于新转入的预备党员预备期未满、或预备期已满不足半年但尚未转正的，应由原所在党组织提供对预备党员的教育、考察材料。现单位党组织核查材料齐全无误后，应接收其组织关系，并对预备党员进行考察，考察通过后为其进行转正；如党员预备期已满超过半年仍未转正的，党员应在原单位做完转正手续后再办理组织关系转接。

【参考】《中共中央组织部关于做好高校毕业生党员组织关系管理工作的通知》（组通字〔2015〕33号，2015年7月23日）；《中国共产党发展党员工作细则》（2014年5月28日，中共中央办公厅）第三十七条；《干部人事档案工作条例》（2018年11月20日）第十九条。

214. 新转入的党员入党材料缺失或入党手续不完备，应如何处理？

经核查党员档案，发现新转入的党员入党材料缺失或入党手续不完备，按规定先接收组织关系，然后及时与其原单位党组织、发展其入党的党组织或者上级党组织联系，辨别真伪，弄清楚原因。确属不熟悉有关规定或者工作程序上出现的失误，商请原单位党组织按规定出具相关的证明材料。无法出具材料的，现党组织要在其入党志愿书"备注"栏中注明情况和原因。确属采取不正当手段弄虚作假、伪造手续进入党内的，经党支部党员大会讨论通过并报上级党组织批准，作出不予承认党员身份或者取消预备党员资格的处理。有关情况要及时报告学校党委，并通报原单位党组织。

对于没有入党志愿书等入党材料的党员，必须认真甄别。若其原单位党组织能够出具证明，证实其党员身份的，党组织要先落实组织关系，然后按程序补办入党志愿书。若其原单位党组织不能出具证明材料的，不予承认其党员身份。

【参考】《发展党员工作手册（新编本）》（党建读物出版社，2018 年 7 月重印）第 274 项。

215. 新转入的党员档案中缺少入党志愿书，应如何补办？

对于档案中缺少入党志愿书的党员，有关党组织应负责及时查找，认真甄别。如果查无下落，证明确已遗失，在确认党员身份并取得相关证明材料的基础上，可让其重新填写入党志愿书。相关证明材料包括：

（1）党员提供本人入党情况说明。主要包括申请入党、确定入党积极分子、确定发展对象、接收为预备党员、预备党员转正的时间和地点，培养联系人、入党介绍人、入党时党支部负责人的姓名等有关情况。该说明须由本人签字确认。

（2）党员入党时所在党组织、预备党员转正时所在党组织提供的证明材料。党员入党时所在党支部的证明材料或入党时所在党支部讨论接收其为预备党员和预备党员转正时的会议记录复印件或摘抄件。党员入党时所在党支部的上级党委的证明材料或入党时所在的党委讨论接收其为预备党员和讨论预备党员转正时的会议记录复印件或摘抄件，由出具证明的党组织加盖公章确认。

（3）党员入党时和预备党员转正时所在党组织所隶属的县或县级以上党委组织部门审核确认，出具确认党员资格的证明材料。

（4）党员现所在党组织提供的证明材料。党员现所在党支部召开党员大会，形成承认党员资格、同意补办入党志愿书的党支部决议。上级党委审查通过后，将承认党员资格的意见，连同有关调查材料一并报学校党委组织部审批。

【参考】《发展党员工作手册（新编本）》（党建读物出版社，2018年7月重印）第276项。

216. 党员新工作单位无党组织，组织关系如何处理？

党员新工作单位尚未建立党组织的，可将组织关系转移到其就业单位所在地、园区、商务楼宇、党群服务中心或者行业领域党组织；或转移到其经常居住地的街道、乡镇党组织；或随同档案转移到县以上政府所属公共就业和人才服务机构党组织。

【参考】《中国共产党党员教育管理工作条例》（2019年5月6日）第二十五条。

217. 组织关系介绍信过期或丢失后，党员如何申请重新开具介绍信？

党员在转移组织关系过程中，由于接收单位发生变动等客观原因，导致组织关系介绍信逾期的，自党员组织关系转出之日起六个月内，院（系）级党委可根据党员本人提供的原凭证重新开具组织关系介绍信。

对于无正当理由，不及时转移组织关系，导致党员组织关系介绍信过期的，应给予严肃批评和教育。

如果发生党员丢失组织关系介绍信的情况，要及时向原所在党组织报告。经查明确实因本人不慎丢失，距转出之日在 90 天内的，可由原开出介绍信的党组织重新开具。对丢失组织关系介绍信的党员，应给予批评教育，情节严重的应给予党纪处分。

组织关系介绍信过期或丢失时间较长的，对主要由客观原因未能落实组织关系、期间无不合格表现或违纪违法行为、本人能够正确认识该问题并提供必要证明材料的党员，经院（系）级党委研究同意后，可以重新开具组织关系介绍信。对于组织关系介绍信过期或丢失的预备党员，如已超过预备期半年以上，应视情况作出延长预备期或取消其预备党员资格处理。

【参考】《党员组织关系管理手册》（党建读物出版社，2005 年 1 月）。

218. 组织关系介绍信过期或丢失时间较长的，未能落实组织关系的党员申请重开介绍信，本人需要提供哪些材料？

为了加强党员组织关系规范管理，清华大学发布了《关于进一步做好党员组织关系规范管理工作的实施办法》，其中对组织关系介绍信过期或丢失后申请重新开具的流程和需要准备的材料都做出了要求，党员本人需要提供的材料包括：

（1）党员本人提交的书面情况说明。需说明介绍信未及时转接的原因及本人对该问题的认识；离开学校后至今的学习或工作经历，这期间的思想状况和具体表现，是否参加过组织生活或党组织的活动，是否在其他单位交纳过党费；现在的工作单位以及确认过的可以接收本人组织关系的党组织。

（2）党员工作过的单位或居住地党组织提供的书面证明材料。需证明该同志什么时间在此单位工作或在此地居住，在此期间的思想状况和具体表现，是否有违纪违法行为，是否参加过组织生活或党组织的活动，是否交纳过党费。证明材料应加盖单位党组织公章，如该单位没有党组织需说明。如党员工作过的单位不只一个，则工作一年以上的单位均需提供证明材料。

（3）党员原先开出的介绍信原件。如介绍信原件丢失，本人需要在提交的情况说明里写明情况，并确认当时的拟接收单位确实未收到其介绍信。

院（系）级党委对党员提交的材料进行调查核实后，研究决定是否可以重新开具组织关系介绍信。

【参考】《关于进一步做好党员组织关系规范管理工作的实施办法》（2020年9月8日，清华大学党委组织部）。

219. 没有落实工作单位的毕业生党员，组织关系如何处理？

对没有落实工作单位的毕业生党员，一般情况下应将党组织关系转移到本人或父母居住地的街道、乡镇党组织，或随同档案转移到县以上政府所属公共就业和人才服务机构党组织。特殊情况下（指本人仍在本地生活，无稳定工作，正在为出国、出境学习或考研、寻找工作做准备），由党员本人提出申请，经院（系）级党组织和学校党委组织部批准，可以将组织关系继续保留在学校。党员组织关系保留时间一般不超过两年，对符合转出组织关系条件的，应及时转出。

【参考】《中共中央组织部关于做好高校毕业生党员组织关系管理工作的通知》（组通字〔2015〕33号，2015年7月23日）；《中国共产党党员教育管理工作条例》（2019年5月6日）第三十四条。

220. 出国（境）学习的毕业生党员，组织关系如何处理？

毕业后出国（境）学习的毕业生党员，一般将组织关系保留在学校党组织。党员出国（境）前，应提交出国（境）学习保留组织关系申请，说明学习地点、时间、留学方式、联系方式、境内联系人等。经院（系）级党组织审批后，报学校党委组织部审核和登记备案。

党员回国后应在六个月内及时与组织关系所在院（系）级党组织取得联系，院（系）级党组织按规定程序及时为其恢复组织生活或者转出组织关系。出国（境）学习的毕业生党员，其组织关系保留在学校党组织时间一般不超过五年。

【参考】《中共中央组织部关于做好高校毕业生党员组织关系管理工作的通知》（组通字〔2015〕33号，2015年7月23日）。

221. 出国（境）学习的毕业生党员保留组织关系在校后，每隔多长时间需定期与党组织联系一次？定期联系的联系人如何安排？

院（系）级党组织应安排专门工作人员，负责与出国（境）学习毕业生党员定期联系。联系人可通过电子邮件、微信或视频等适当方式，每学期与出国（境）毕业生党员至少联系一次，及时了解党员在国（境）外的情况和思想状况，并及时将定期联系情况进行记录。

定期联系的联系人可由申请人指定，党组织也可安排专人定期联系，也可发挥党务工作人员、学生工作干部、辅导员等各方面作用，定期联系，掌握其去向、现状等，做好党员在国（境）外期间的定期联系和教育管理工作。

【参考】《中共中央组织部关于做好高校毕业生党员组织关系管理工作的通知》（组通字〔2015〕33号，2015年7月23日）。

222. 党员在什么情况下需要开具党员证明信?

党员证明信是党员临时外出参加组织生活的凭证,即党员临时组织关系。党员临时外出、开会、实习、学习、考察等,持党员证明信,证明其党员身份。党员外出时间在六个月及六个月以内的,一般应当开具党员证明信。持党员证明信的正式党员,可在所去单位党组织临时参加党的组织生活,但因其正式组织关系没有转移,仍在原单位参加党的组织生活、交纳党费和享有表决权、选举权和被选举权。

【参考】《关于进一步加强党员组织关系管理的意见》(中组发〔2004〕10号,2004年11月1日);《党员实用手册(新编本)》(党建读物出版社,2018年1月重印)第169项。

223. 党员在什么情况下可以使用流动党员活动证?

流动党员活动证适用于短期外出(六个月以内)或长期外出但暂时无法转移组织关系的党员。

流动党员活动证是流动党员参加党的活动的凭证。党员可持证在外出所在地或单位的党组织参加组织生活,交纳党费,但不享有表决权、选举权和被选举权。

不能使用流动党员活动证的流动党员主要是指:短期(六个月以内)外出参加会议、学习进修、借调工作、办理公务、休假探亲的党员,已开具党员证明信;长期(六个月以上)外出务工经商且有固定地点的党员,应转移正式组织关系;流动性较大,无固定地点,但可以经常返回原所在单位的党员,仍在原单位参加党的组织生活;集体外出、地点相对集中,且有3名以上党员的,可通过建立党支部(临时党支部)或党小组进行管理。

【参考】《党员实用手册(新编本)》(党建读物出版社,2018年1月重印)第187、190项。

二、党籍管理

224. 什么是党籍?

经党支部党员大会通过、基层党委审批接收的预备党员,自通过之日起,即取得党籍。取得了党籍,是一个人从组织上被承认为党员的依据。党员被取消预备党员资格、劝其退党、劝而不退除名、自行脱党除名、退党除名、开除党籍的,就失去了党籍。

【参考】《中国共产党党员教育管理工作条例》(2019 年 5 月 6 日)第二十四条。

225. 什么情况下可以采用自行脱党除名的处理方式?

党员如果没有正当理由,连续六个月不参加党的组织生活,或不交纳党费,或不做党所分配的工作,就被认为是自行脱党。在处理党员自行脱党问题时,党组织要认真分析是否"没有正当理由"和是否"连续六个月"这两个条件。不要把因客观原因而连续六个月没有参加组织生活,或没有交纳党费,或没有做党所分配的工作的党员,一律不加分析地作自行脱党处置。同时,党组织如发现党员存在这种情况,应及时进行批评教育,帮助转化,而不要等到六个月后才去过问处理。在教育过程中,应客观做好组织记录。如本人不接受教育转化,坚持不改,则应按照党章规定有序处置。

对通过各种方式查找仍然没有取得联系的党员,无法确定在国内还是国外的,由所在党支部召开党员大会,作出停止党籍的决定,停止党籍两年后确实无法取得联系的,按自行脱党予以除名。

对于拟采用自行脱党除名处置的党员,院(系)级党组织需先将具体情况报学校党委组织部进行审核把关，经党委组织部同意后再做出正式处置。

【参考】《中国共产党章程》（2017年10月24日）第九条；《中共中央组织部关于做好与党组织失去联系党员规范管理和组织处置工作的通知》（中组发〔2016〕30号，2016年12月）;《党务工作500问》（党建读物出版社，2019年6月）第318问。

226. 什么情况下需要采用开除党籍的处理方式？

严重违纪、严重触犯刑律的党员必须开除党籍。开除党籍是党内最高的纪律处分。党组织在决定或批准开除党员党籍的时候，应当全面研究有关的材料和意见，采取十分慎重的态度。

应当给予开除党籍处分的具体情形应依据《中国共产党纪律处分条例》中的规定执行。

【参考】《中国共产党章程》（2017年10月24日）第四十、四十一条。

227. 开除党籍有哪些程序？

党员存在严重违纪问题应当开除党籍的，要由学校纪委依规依纪依法进行立案审查并提出处理意见。处理意见送交党支部后，经党员大会讨论形成处分决议，先报所在院（系）级党组织，再呈报学校纪委，由学校纪委作出处分决定。

党组织对党员作出处分决定，应当实事求是地查清事实。处分决定所依据的事实材料和处分决定必须同本人见面，听取本人说明情况和申辩。如果本人对处分决定不服，可以提出申诉，有关党组织必须负责处理或者转递。

【参考】《中国共产党章程》（2017年10月24日）第四十一、四十二、四十三条。

228. 党员要求退党，应当经过怎样的程序？

党章规定："党员有退党的自由。"党员如果改变了自己的信仰，或由于其他种种原因，不愿继续做一个共产党员而要求退党，可以要求退党。党组织应按以下程序处理：

（1）由党员本人向所在党支部提出书面退党申请。

（2）党支部接到退党申请后，应弄清楚党员提出退党的原因，对于有模糊认识和一般错误思想的党员，应当进行严肃认真的批评教育，帮助其端正思想，提高认识。经批评教育，本人仍坚持退党的，应提交党支部党员大会讨论，并报院（系）级党组织和学校党委组织部预审。

（3）预审通过后，党支部召开党员大会做出正式决议，将申请退党的党员除名。

（4）院（系）级党组织批准后报学校党委组织部。

（5）院（系）级党组织将退党的有关材料存入退党人员档案。

对于犯有严重错误以至有危害党的行为需要开除出党的，即使本人提出退党，也不能按退党处理，而应按照党的纪律开除其党籍。

【参考】《中国共产党章程》（2017年10月24日）第九条。

229. 被停止党籍、除名或开除党籍后，能恢复党籍吗？

对停止党籍的党员，符合条件的，可以按照规定程序恢复党籍。对劝其退党、劝而不退除名、自行脱党除名、退党除名、开除党籍的，原则上不能恢复党籍，符合条件的可以重新入党。

【参考】《中国共产党党员教育管理工作条例》（2019年5月6日）第二十四条。

230. 出国党员什么情况下需要停止党籍?

对因私出国并在国外长期定居的党员,出国学习研究超过五年仍未返回的党员,一般予以停止党籍。停止党籍的决定由保留其组织关系的党组织按照有关规定作出。

【参考】《中国共产党党员教育管理工作条例》(2019年5月6日)第二十四条。

231. 与学校党组织保持联系的出国(境)党员,回国后如何办理恢复组织生活?

在国(境)外期间与学校党组织保持联系的党员,本人回国后应及时向原组织关系所在党组织汇报在国(境)外期间的思想、学习、工作以及是否加入过外国国籍或取得过长期居住权等情况,党组织经过了解和讨论,认定其在国(境)外期间无损害党和国家利益行为、未加入过外国国籍或取得过长期居住权的,可以直接恢复组织生活。

本人需填写《留学回国人员党员恢复组织生活(党籍)审批表》(以下简称《审批表》),并提供在国(境)外期间与学校党组织保持定期联系的记录或相关证明。党支部审查相关材料,经党支部委员会或党员大会讨论通过后,在《审批表》中填写党支部意见,提交至院(系)级党委审批,审批通过后即可完成后续组织关系转接,确保党员纳入党组织正常管理中。

【参考】《关于做好留学回国人员党员恢复组织生活工作的意见》(组通字〔2007〕27号,2007年8月29日)。

232. 未能与学校党组织保持联系的出国(境)党员,回国后如何办理恢复组织生活?

在国(境)外期间未能与学校党组织保持联系的党员,回国后恢复组织生活，一般要经过以下程序：

（1）本人向党组织提交恢复组织生活的书面申请

回国后继续在原单位学习工作或尚未落实工作单位的党员，应向组织关系原所在党组织提交恢复组织生活的书面申请报告。申请人在报告中应向党组织如实汇报本人在国（境）外期间的思想、学习、工作以及是否加入过外国国籍或取得过长期居住权等情况，并提供两名了解其在国（境）外情况的证明人。证明人需出具书面证明材料。证明人一般应是与申请人有在国（境）外共同学习或工作经历且没有近亲属关系的回国人员中的正式党员。

回国后到新单位工作的党员应向新单位党组织提交申请。原单位应帮助将证明其党员身份的有关材料转至现工作单位党组织。现工作单位如无党组织，申请人可向工作单位所在乡镇、街道或主管部门党组织提交申请。

出国（境）前组织关系保留在外单位、回国后到本单位学习工作的党员，向党组织提交书面申请后，现单位应及时与其组织关系原所在党组织取得联系，获得能够证明其党员身份的有关材料。

（2）党组织审核有关情况和材料

党支部审查申请人提交的申请报告和证明人出具的材料，核实有关情况，并派人同申请人谈话。根据申请人在国（境）外期间和回国后的表现情况，认为符合党员条件，可以恢复组织生活的，请申请人填写《留学回国人员党员恢复组织生活（党籍）审批表》，经党支部委员会或党员大会讨论通过并报上级党组织审批，审批通过后即可将党员纳入到党支部正常管理。

对不能提供两名证明人书面证明的，自申请人向党组织提出书面申请之日起，须经过一年时间的考察。考察期内正常参与组织生活，暂不缴纳党费，待恢复组织生活后一并补交。考察期满，认为符合党员条件的，请申请人填写《留学回国人员党员恢复组织生活（党籍）审批表》，经党支部委员会或支部党员大会通过并报上级党组织审批，审批通过后即可将党员纳入到党支部正常管理。

回国后原所在党支部已不存在的，由其上级党组织负责相关工作。

【参考】《关于做好留学回国人员党员恢复组织生活工作的意见》（组通字〔2007〕27号，2007年8月29日）。

233. 取得过外国长期居住权的留学回国人员党员，如何办理恢复党籍或恢复组织生活？

取得外国长期居住权但未加入外国国籍的曾有党员身份的回国人员，本人申请恢复党籍和恢复组织生活的，按照出国期间未能与党组织保持联系的党员恢复组织生活的工作程序，由院（系）级党组织审查，报学校党委组织部批准后，可以恢复党籍和恢复组织生活。

【参考】《关于做好留学回国人员党员恢复组织生活工作的意见》（组通字〔2007〕27号，2007年8月29日）。

234. 加入过外国国籍的曾有党员身份人员，回国并恢复中国国籍后，还可以恢复党籍吗？

加入过外国国籍、经批准恢复中国国籍的曾有党员身份的留学回国人员，原则上不能恢复党籍，回国后表现好、符合党员条件的，可以重新入党。

【参考】《关于做好留学回国人员党员恢复组织生活工作的意见》（组通字〔2007〕27号，2007年8月29日）。

三、党内统计

235. 党内统计一般的时间进度应如何安排?

党内统计一般的时间进度安排如下（以北京高校 2020 年的做法为例，具体以每年通知为准）：

12 月 15 日前，各单位做好基础数据的检查和维护工作；

12 月 15~25 日，各单位通过系统填报并提交党统数据，经学校党委组织部检查审核后进行修正；

12 月 15~31 日，为保证数据的统一性，各单位不再进行党员组织关系转接，也不再缴纳或使用党费。

【参考】《2020 年北京高校党内统计年报工作填报指南》（2020 年 12 月，北京市委教育工委组织处）。

236. 党内统计开始前需要做好哪些准备工作?

每年 12 月中上旬，各单位应在党内统计开始前做好以下各项准备工作，以保证数据的完整、准确：确保当年新发展的党员都已经通过党委审批并已在党员管理系统中维护新发展党员相关信息；确保已转正的党员已经通过党委审批并已在系统里维护为正式党员；党员的工作岗位名称（如学生年级变化、本科生转研究生、学生转教职工等）、最高学历、职称有变化的已经在系统里更新；已将党员党组织信息维护完整、无效支部已撤销；组织关系还在转接过程中的抓紧办理完成；去世或出党的党员已在系统里进行维护；需要增加或减少党员的其他特殊情况已报送学校党委组织部；等等。

【参考】《2020 年北京高校党内统计年报工作填报指南》（2020 年 12 月，北京市委教育工委组织处）。

237. 检查维护党员信息时需要重点关注的内容有哪些?

检查维护党员信息时应注意数据的完整性,特别是"党籍状态""年龄""入党时间""学历""工作岗位"等信息一定要填写完整、准确。

检查信息时还需注意核对数据的合理性,如:学生党员的学历出现高中、大学本科、研究生以外的,需检查修改;高中学历人数应与本科生人数基本一致;工作岗位一般不应出现非公企业、军人、公务员等;毕业年级党员不包含毕业后组织关系暂存学校的毕业生;已离职党员工作岗位应选择"离岗但组织关系留在原单位的人员";"双肩挑"干部工作岗位应选择"事业单位管理岗位";合同制教职工工作岗位应选择"事业单位管理岗位"或"事业单位专业技术岗位";等等。

【参考】《2020年北京高校党内统计年报工作填报指南》(2020年12月,北京市委教育工委组织处)。

238. 党内统计填报数据应当遵循哪些原则?

(1)真实准确:党组织和党员的基本信息、党员发展、一般申请人、入党积极分子、发展对象等信息务必保证真实准确;数据来源要有根有据。说明模板中要求附说明的一定要说明,说明要合理,要求附名单的一定要附名单,名单要与报表中数据相符。

(2)一致性:不同表格的同类数据,统计数字一致,逻辑关系一致,数据来源一致。党内统计以党的正式组织关系和隶属关系为依据。党员的正式组织关系在哪一个党组织,就由哪一个党组织进行统计;党的基层组织隶属于哪一个党组织,就由哪一个党组织进行统计或汇总;发展党员、预备党员转正情况,由负责发展党员和预备党员转正的党组织统计。

(3)统计时段:党组织党员各类数量、党员发展、党员转入转出的统计时段为前一年党统开始填报时间至当年党统开始填报时间；其他信息的统计时段一般为当年 1 月 1 日至 12 月 31 日。

【参考】《2020 年北京高校党内统计年报工作填报指南》（2020 年 12 月，北京市委教育工委组织处）。

239. 哪些数据需要提供具体名单和信息？

需要提供具体名单和信息的数据包括：本年度停止党籍和恢复党籍人员名单和信息；46 岁以上的学生党员名单和信息；1937 年 7 月 6 日以前入党的党员名单和信息；1966 年 4 月以前入党的在岗职工党员名单和信息；1966 年 4 月以前入党的社区党支部委员名单和信息；"延长预备期转正"数据与上一年"延长预备期"数据不相等的需要上报名单和信息；以及其他需要特殊说明的问题。

【参考】《2020 年北京高校党内统计年报工作填报指南》（2020 年 12 月，北京市委教育工委组织处）。

党 员 发 展

一、入党积极分子的确定和培养教育

240. 申请入党需要具备哪些条件？

按照党章规定，申请加入中国共产党，必须具备五个基本条件：一是申请人必须是年满 18 岁的中国公民，由本人向党组织递交书面入党申请；二是承认党的纲领和章程；三是愿意参加党的一个组织并在其中积极工作；四是愿意执行党的决议；五是按期交纳党费。

【参考】《中国共产党章程》（2017 年 10 月 24 日）第一条。

241. 入党申请书应该有哪些内容？应注意哪些问题？

入党申请书的基本内容包括：（1）对党的认识和入党动机；（2）申请入党的思想认识过程；（3）在思想、工作、学习等方面的优缺点以及进一步努力的方向；（4）对待入党的态度和决心。

撰写入党申请书时，一是注意联系思想实际谈对党的认识，切忌抄袭；二是要对党忠诚老实，如实说明本人经历、政治历史等有关情况，不得隐瞒或伪造；三是入党申请书应由申请人本人手写或以 A4 纸打印，在落款处由申请人本人手写签名和申请日期。

【参考】《党务工作 500 问》（党建读物出版社，2019 年 6 月）

第 337 问。

242. 入党申请人学习、工作单位变动后，需要重新提交入党申请书吗？

入党申请人学习、工作单位发生变动，原单位党组织应及时将其入党申请书、思想汇报、培养考察记录等有关培养材料一并转给现单位党组织。经核查上述材料无缺漏、无抄袭现象后，现单位党组织可接续做好入党申请人的培养、教育和考察工作，入党申请人一般不必重新提交入党申请书。

【参考】《基层党务工作实用手册》（党建读物出版社，2018年10月）第五篇。

243. 如何处理未满 18 岁申请入党的问题？

对 2014 年 5 月《中国共产党发展党员工作细则》发布之前、未满 18 岁提出入党申请的，一般予以承认；对 2014 年 5 月《中国共产党发展党员工作细则》发布之后、未满 18 岁提出入党申请的，党组织应肯定其入党要求，鼓励他们追求政治上的进步，并做好解释工作，请他们年满 18 岁后再向党组织正式递交入党申请书。

【参考】《基层党务工作实用手册》（党建读物出版社，2018年10月）第五篇。

244. 信仰宗教的人可以申请入党吗？

不可以。共产党员是有共产主义觉悟的先锋战士，是唯物主义者和无神论者。共产党员只能信仰共产主义，不得信仰宗教。信仰宗教的人不能申请或发展入党。

【参考】《基层党务工作实用手册》（党建读物出版社，2018年10月）第五篇。

245. 如何处理民主党派人士申请入党问题？

对要求加入共产党的民主党派的一般成员，只要他们具备共产党员的条件，一般情况下党组织应该按照党章规定，吸收他们入党。担任民主党派各级领导职务的和无党派爱国人士要求入党，应适当加以控制，鼓励一部分人留在党外工作。

民主党派成员加入中国共产党后，不要求他们退出原来的党派。其入党后，也可以继续参加原党派的活动和工作，但必须编入中国共产党的支部过组织生活。

【参考】《发展党员工作手册（新编本）》（党建读物出版社，2018年7月重印）第126项。

246. 被开除党籍以及退党、劝退、自行脱党或被除名的，能否重新申请入党？

对于被开除党籍以及退党、劝退、自行脱党或被除名的人再次申请加入党组织，党组织对要求重新入党的人应持十分慎重的态度。这些人之中经过党组织长期考验，与党失去联系的原因已经查明，或确已改正错误，本人向党组织提出重新入党申请，经过党组织严格审查，确实具备了党员条件的，可以被吸收重新入党。但在院（系）级党组织审批前，必须报经学校党委组织部审查同意。需要注意的是，依据《中国共产党纪律处分条例》第十三条规定，党员受到开除党籍处分，五年内不得重新入党。党组织要严格掌握这一时间要求。

【参考】《基层党务工作实用手册》（党建读物出版社，2018年10月）第五篇。

247. 在职研究生是否可以在学校申请入党？

一般情况下，在职研究生应在其工作单位申请入党。

248. 群团组织推荐入党积极分子人选应注意哪些问题?

群团组织推优是指工会、共青团、妇联等组织按照党组织要求,向党组织推荐优秀分子作为入党积极分子人选的工作。做好群团组织推优工作应注意以下几个方面:

一要明确推优对象。工会组织主要推荐优秀工人、工会会员,共青团组织主要推荐优秀团员、青年,妇联组织主要推荐优秀妇女。

二要严格推优程序。基层群团组织对党支部提供的入党申请人作进一步了解后,采取民主评议或票决等方式,推荐提出入党积极分子人选,报上一级群团组织备案后提供给党支部。

三要加强配合协作。群团组织推优工作要在党组织的统一领导下进行。党组织要支持、帮助和指导群团组织推荐入党积极分子人选。群团组织要严格按照程序做好推优工作,防止出现违纪违规问题。

【参考】《发展党员工作手册(新编本)》(党建读物出版社,2018 年 7 月重印)第 43 项。

249. 为什么吸收 28 周岁以下青年入党一般应是共青团员?

共青团是党领导的先进青年的群众组织,是广大青年在实践中学习中国特色社会主义和共产主义的学校,是党的助手和后备军。一个青年政治上积极要求上进,应首先加入共青团组织。28 周岁以下的青年入党,一般应从团员中发展,发展团员入党一般应经过团组织推荐。长期以来,发展党员工作始终强调了这样一个要求。共青团员已经成为党组织发展青年党员的主要来源。

【参考】《基层党务工作实用手册》(党建读物出版社,2018 年 10 月)第五篇。

250. 党支部与入党申请人谈话应注意什么问题?

党支部收到入党申请书后,应当在一个月内派党支部书记、副书记或组织委员同入党申请人谈话,了解其申请入党的动机和对党的认识,并说明入党的条件、程序等,鼓励其努力学习党的基本理论,不断提高思想觉悟,克服自身缺点。

【参考】《中国共产党发展党员工作细则》(2014年5月28日,中共中央办公厅)第七条。

251. 递交申请书后多久可以确定为入党积极分子?

在入党申请人中确定入党积极分子,应当经过党组织一段时间的培养教育和考察,具备入党积极分子条件,才可被推荐和确定为入党积极分子。由于入党申请人的情况各不相同,党组织对其培养教育和考察需要一定时间,因此,《中国共产党发展党员工作细则》对从接收入党申请到确定入党积极分子的时间要求未作出具体规定。

【参考】《发展党员工作手册(新编本)》(党建读物出版社,2018年7月重印)第40项。

252. 确定入党积极分子的流程是什么?

在入党申请人中确定入党积极分子,应采取党员推荐、群团组织推优等方式产生人选,由党支部委员会(不设委员会的由党支部党员大会)研究决定,并报上级党委备案。

【参考】《中国共产党发展党员工作细则》(2014年5月28日,中共中央办公厅)第八条。

253. 党支部同意确定为入党积极分子后,党委应在多长时间内给出意见?

将入党积极分子报上级党委备案是充分发挥上级党组织把

关作用、保证党员发展质量的有效办法。上级党委接到党支部报送的入党积极分子有关材料后，应进行认真审查，主要看上报的入党积极分子是否具备条件，确定入党积极分子的手续是否完备。党委一般应在党支部同意确定为入党积极分子后的一个月内给出是否同意备案的意见，备案意见应及时通知党支部，并在《入党积极分子考察登记表》中"确定为入党积极分子"页的"党委意见"栏填写意见。

【参考】《党务工作500问》（党建读物出版社，2019年6月）第347问。

254. 确定为入党积极分子的时间应以党支部同意确定的日期为准还是党委同意确定的日期为准？

确定为入党积极分子的时间应以党支部讨论同意的日期为准。但需注意的是，只有经过党委备案同意，入党积极分子的确定手续才最终完成。

255. 未列为入党积极分子的入党申请人或非入党申请人是否可以参加入党积极分子集中培训？

入党积极分子集中培训是发展党员工作的重要环节。一般来讲，列为入党积极分子后，才能参加这个培训。从实际效果看，入党积极分子集中培训对提高入党积极分子思想觉悟、端正入党动机、了解党的章程、熟悉党的历史、深入学习党的基本理论和知识、明确党员义务和权利具有十分重要的意义。为了帮助入党申请人加深对党的认识和了解，从源头上保证发展党员质量，也可以让未列为入党积极分子的入党申请人参与入党积极分子集中培训。对于尚未提交入党申请书但希望参加入党积极分子集中培训的，建议提交入党申请书后再参加。

清华大学面向本科生开设"党的知识概论"课程，将其作为本科生入党积极分子的集中培训。该课程记2学分，共32学时，贯穿整个学期。本科生经院（系）考察推荐后可进行选课，通过课程考核后获得结业证书和相应学分。一般建议院（系）推荐已提交入党申请书的本科生参加。

【参考】《发展党员工作手册（新编本）》（党建读物出版社，2018年7月重印）第58项。

256. 入党积极分子学习班结业证书有效期是多久？

清华大学规定，入党积极分子学习班结业证书有效期为四年。对于从外单位取得的入党积极分子学习班证书且还在四年有效期内的，一般予以认定有效。

【参考】《清华大学发展党员工作手册》（2015年1月，清华大学党委组织部）第一部分第4点。

257. 入党积极分子的思想汇报多久提交一次，应汇报哪些内容？

入党积极分子一般每季度向党支部提交一次书面思想汇报，思想汇报中应汇报近期思想和学习工作情况。思想汇报的内容可以围绕以下主题：

（1）对党的路线、方针、政策或对党在一个时期的中心任务的认识，包括不理解的问题；

（2）完成某项重要任务后的收获和提高；

（3）参加某项重要活动，或学习了某篇重要文章，或观看了某部影视片后，所受到的教育和体会；

（4）在平时的工作、学习和生活中，遇到的困难和矛盾，产生的想法；

（5）对本单位发生的重大问题、社会上的热点问题、国内外重大事件的认识和态度。

【参考】《发展党员工作手册（新编本）》（党建读物出版社，

2018 年 7 月重印）常用文书部分。

258. 入党积极分子的培养联系人应具备哪些条件?

党支部应当指定一至两名正式党员作入党积极分子的培养联系人。培养联系人一般由经过一定时间党内生活锻炼、党性强、认识水平高、能够用党员标准严格要求自己、先锋模范作用发挥得较好的党支部的正式党员担任，并且不宜频繁更换。

为了加强在高层次人才和优秀青年教师中发展党员工作，应建立党员领导干部和党员学术带头人直接联系培养教师入党积极分子制度。

【参考】《中国共产党发展党员工作细则》(2014 年 5 月 28 日，中共中央办公厅) 第九条;《中国共产党普通高等学校基层组织工作条例》(2021 年 4 月 16 日) 第二十一条。

259. 培养联系人每隔多久要与入党积极分子进行一次谈话?

培养联系人应当至少每季度与入党积极分子进行一次谈话，并认真、如实地将谈话情况填写在《入党积极分子考察登记表》中"培养联系人考察记录"一栏。培养联系人在谈话中应向入党积极分子介绍党的基本知识，并了解入党积极分子的政治觉悟、道德品质、现实表现和家庭情况等，引导入党积极分子端正入党动机。

260. 党支部每隔多久要对入党积极分子进行一次考察? 考察内容包括什么方面?

党支部每半年对入党积极分子进行一次考察，考察内容包括入党积极分子的政治立场、思想觉悟、学习工作表现、组织纪律观念、群众观念等。党支部在考察后应肯定入党积极分子的成绩，并指出其不足与努力方向，最终将考察意见填写在《入党积极分子考察登记表》中"党支部考察意见"一栏。

【参考】《中国共产党发展党员工作细则》（2014 年 5 月
28 日，中共中央办公厅）第十一条。

261. 入党积极分子因学习、工作调出，原单位党组织应如何处理？

入党积极分子学习、工作所在单位发生变动，应当及时报告原单位党组织。原单位党组织应当将入党申请书、思想汇报、培养教育等有关材料密封并加盖党组织公章后，及时转交入党积极分子现单位党组织。如现单位党组织需要进一步了解入党积极分子的情况，原单位党组织应主动配合，实事求是地将入党积极分子培养教育和考察情况说明清楚。

【参考】《中国共产党发展党员工作细则》（2014 年 5 月
28 日，中共中央办公厅）第十二条。

262. 对新转入的入党积极分子，现单位党组织应注意什么问题？

对于新转入的入党积极分子，现单位党组织应对其入党的有关材料进行认真审查，并及时派人与其谈话，了解思想等各方面的情况。对于材料齐全、手续完备、达到标准的，党组织应对其入党积极分子身份予以确认。对于材料不齐全的，应及时与原单位党组织取得联系，了解相关情况，请他们补齐相关材料。对于入党材料中存在抄袭现象的，不予承认其入党积极分子身份。

对于确认入党积极分子身份的，现单位党组织应在《入党积极分子考察登记表》中"确认为积极分子"页的"支部意见"栏填写再次确定为积极分子的意见，并接续做好培养教育工作。培养教育的时间可连续计算。

如入党材料是由入党积极分子本人携带，仅有入党申请书或思想汇报等本人撰写的材料，则需要原单位党组织开具相关培养考察证明，否则不予认定。

【参考】《中国共产党发展党员工作细则》（2014 年 5 月 28 日，中共中央办公厅）第十二条；《党务工作 500 问》（党建读物出版社，2019 年 6 月）第 342 问。

263. 如何做好毕业生中的入党积极分子接续培养工作？

各单位党组织应采取有效措施，认真负责地做好毕业生中的入党积极分子接续培养工作。

（1）院（系）党组织要及时将毕业生中的入党积极分子培养教育考察等有关材料进行整理归档，确保材料完整。在入党积极分子毕业离校前，院（系）党组织要对其加强组织纪律、党性观念教育，要求他们及时向接收单位党组织转交培养教育考察材料。

（2）毕业生入党积极分子在国内高校继续深造的，应将培养教育考察材料转交给所去往高校的党组织。毕业生入党积极分子将去往海外高校继续深造的，原所在院（系）党组织应将其培养教育考察材料归档保存好。

（3）毕业生入党积极分子已落实工作单位且工作单位已建立党组织的，应将培养教育考察材料转交工作单位党组织。毕业生入党积极分子工作单位未建立党组织的，或未落实工作单位的，应将培养教育考察材料转交本人或父母居住地的街道、乡镇党组织，也可转交县以上政府所属公共就业和人才服务机构党组织。

【参考】《发展党员工作手册（新编本）》（党建读物出版社，2018 年 7 月重印）第 67 项。

264. 出国（境）学习或工作的入党积极分子培养教育应注意什么问题？

对于出国（境）学习或工作的入党积极分子的培养教育，

一定要严把政治关，把握好出国前、出国期间与回国后三个重要时间点开展工作。

在出国（境）前，入党积极分子所在党支部要对其加强组织纪律、党性观念教育，要求他们出国（境）前向所在党组织报告有关情况，出国（境）后以适当方式主动与党组织保持联系。

在出国（境）期间，入党积极分子应与党支部保持联系，如实汇报自己在国（境）外的思想、学习工作表现以及是否加入外国国籍或取得外国长期居住权等情况。党支部要主动关心他们，采取适当方式继续做好培养教育工作。

回国后，入党积极分子应主动如实汇报自己在国（境）外的思想、学习、工作等情况。党支部应对其情况进行调查核实，认定其在国（境）外无损害党和国家利益行为、未加入外国国籍或取得长期居住权的，报所在院（系）级党组织同意后，可接续做好培养教育工作。国内的培养教育时间可以连续计算。

【参考】《如何做好出国（境）学习和工作的入党积极分子培养教育？》（共产党员网）。

265.《入党积极分子考察登记表》的填写应注意哪些问题？

《入党积极分子考察登记表》需要规范并如实填写。

（1）"本人基本信息""主要经历""主要家庭成员情况""参加入党教育培训情况""培养联系人信息"要填写完整、正确，所有信息要与其他入党材料相一致。

（2）"申请入党时间"应与入党申请书等材料相一致，有多次提交入党申请书的，应写明每次提交入党申请书的时间。

（3）"确定为入党积极分子的时间"应与确定为入党积极分子的党支部意见落款日期相一致。

（4）确定为入党积极分子和发展对象的意见，党支部要写明具体表现，不能只表态同意确定。

（5）确定为入党积极分子和发展对象的党委意见处需填写"同意"等意见，加盖党委章并填写日期。

（6）如入党积极分子学习、工作单位发生变动，接续培养的党支部应在"确定为积极分子"的支部意见处写明："经调查核实，××同志于××年××月××日提交入党申请书，并于××年××月××日在××党支部确定为入党积极分子，现经××党支部讨论再次确定为入党积极分子，接续培养。"

（7）确定为入党积极分子和发展对象的党支部意见日期间隔须满一年。

（8）如发展对象学习、工作单位发生变动，应在现单位至少考察三个月后，接续培养的党支部才能在"确定为发展对象"的支部意见处填写再次确定为发展对象的意见。

二、发展对象的确定与考察

266. 入党积极分子要经过多长时间的培养教育和考察才可列为发展对象？确定发展对象的程序是什么？

入党积极分子经过一年以上的培养教育和考察，才可列为发展对象。

对经过一年以上培养教育和考察、已取得入党积极分子学习班结业证书，并基本具备党员条件的入党积极分子，在听取培养联系人、党员和群众意见的基础上，经党支部委员会（不设委员会的党支部由党员大会）讨论同意并报上级党委备案后，可列为发展对象。

【参考】《中国共产党发展党员工作细则》（2014 年 5 月

28 日，中共中央办公厅）第十三条。

267. 发展对象的确定程序中，可通过哪些方式征求党小组、培养联系人、党员和群众的意见？

征求意见可通过召开座谈会、个别谈话、书面征求意见或民意测验等方式进行。

【参考】《听取党员和群众意见的方式通常有哪几种？需要注意什么？》（共产党员网）。

268. 入党积极分子学习、工作单位发生变动的，在现单位经历多长时间的考察才能确定为发展对象？

入党积极分子学习、工作单位发生变动的，即使在原单位党组织已经过一年以上的培养教育，也不宜马上确定为发展对象。由于党支部书记和培养联系人均发生了变化，为了解新转入的入党积极分子思想等各方面的情况，应由现单位党组织经过全面的考察，确已具备党员条件的，才能按程序确定为发展对象。为了增强工作的规范性，清华大学要求现单位党组织的培养考察时间一般应不少于三个月。

【参考】《清华大学发展党员工作手册》（2015 年 1 月，清华大学党委组织部）第二部分第 8 点。

269. 发展对象学习、工作单位发生变动的，在现单位经历多长时间的考察才能重新确定为发展对象？

清华大学规定，发展对象学习、工作单位发生变动的，应当在现单位至少学习、工作满三个月才可以重新确定为发展对象。

【参考】《清华大学发展党员工作手册》（2015 年 1 月，清华大学党委组织部）第二部分第 8 点。

270. 确定为发展对象后未能及时发展，入党培养联系人还需要继续谈话考察吗？

确定为发展对象后，党支部还要做好政治审查、安排发展对象参加集中培训、党支部委员会审查、党委预审等工作，这需要一定的时间。为接续做好发展对象的考察培养，在确定为发展对象后未能及时发展入党的发展对象，入党培养联系人和党支部也应继续做好考察工作。

271. 发展对象撰写入党申请报告（自传）需要注意哪些问题？

发展对象撰写入党申请报告（自传）应包括以下内容：

（1）个人主要履历，家庭主要成员的政治历史和现实表现，以及主要社会关系的政治情况；

（2）对党的性质、纲领、宗旨、组织原则和纪律的认识，对共产主义和中国特色社会主义的认识，以及对党的路线、方针、政策和当前形势的认识；

（3）入党动机，以及在争取入党过程中的思想成长情况；

（4）个人在政治思想、工作、学习等方面的主要表现以及个人的政治历史和在历次重大政治斗争中的表现和态度；

（5）现有的主要缺点，对缺点的认识和努力方向；

（6）其他需要向党组织说明的问题。

发展对象在撰写入党申请报告（自传）时应坚持实事求是的原则，如实汇报个人经历与相关情况，实事求是地评价自己。应重点写明自己的思想成长过程以及现在对党的认识，不能仅仅汇报个人学习、工作经历。入党申请报告（自传）的形成时间应在发展会前三个月内，字数应不少于 5000 字，落款必须要有发展对象本人手写签名。

【参考】《发展党员工作手册（新编本）》（党建读物出版社，2018年7月重印）常用文书部分。

272. 入党介绍人如何确定？党组织可否指定非培养联系人担任入党介绍人？

入党介绍人一般由培养联系人担任。党组织也可指定非培养联系人、但与发展对象在同一党支部的正式党员担任入党介绍人。在特殊情况下，如发展对象所在党支部没有符合条件的正式党员时，也可由上级党组织范围内其他党支部的、熟悉该发展对象情况的正式党员担任。

【参考】《中国共产党发展党员工作细则》（2014年5月28日，中共中央办公厅）第十四条。

273. 发展对象的直系亲属是否可以担任其入党介绍人？

在一般情况下，不宜由发展对象直系亲属担任其入党介绍人。这样规定，一是防止发展党员工作中的不正之风，二是避免党员和群众误解。党支部应向发展对象及其直系亲属讲明道理，做好思想工作。

【参考】《发展党员工作手册（新编本）》（党建读物出版社，2018年7月重印）第87项。

274. 受党纪处分的党员是否可以担任入党介绍人？

受留党察看处分、尚未恢复党员权利的党员，不能作入党介绍人。根据《中国共产党纪律处分条例》规定，除受留党察看及以上处分外，受其他处分的党员仍享有正式党员的权利和义务。只要他了解发展对象的情况，确能担负起入党介绍人的责任，就可以担任入党介绍人。但党支部在确定受党内纪律处分的党员作入党介绍人时，应认真、慎重考虑其能否担负起入党介绍人的责任，以及是否会产生不良影响。

【参考】《中国共产党发展党员工作细则》（2014 年 5 月 28 日，中共中央办公厅）第十四条；《基层党务工作实用手册》（党建读物出版社，2018 年 10 月）第五篇。

275. 为什么发展党员要有两名正式党员作入党介绍人？

为了使党组织更好地了解发展对象的情况，加强对他的培养、教育和考察，党章规定发展党员必须有两名正式党员作介绍人。一是为了使党组织对发展对象的考察更加全面、客观，避免片面性，有利于保证新发展党员的质量；二是不致因一名介绍人的变动而影响党组织对发展对象的考察，有利于工作的连续性。

【参考】《中国共产党章程》（2017 年 10 月 24 日）第五条；《基层党务工作实用手册》（党建读物出版社，2018 年 10 月）第五篇。

276. 尚未列为发展对象的入党积极分子是否可以参加发展对象短期集中培训？

发展对象在发展前应当参加学校党校组织的短期集中培训。短期集中培训是为了强化对发展对象的培养教育，检验其对党的基本理论、基本路线和基本知识掌握的程度而采取的一种形式，是发展党员工作程序中的一项重要环节。一般来讲，只有履行完前面的程序，才能进入短期集中培训这个环节。另外，从人力、物力和财力的角度来讲，如果入党积极分子和入党申请人都参加短期集中培训，基层党组织也很难承受。从实际效果看，入党积极分子和入党申请人接受党组织教育的时间较短，仅靠几天的集中培训，不可能取得好的效果。只有被确定为发展对象后，经过自己较长时间和较系统的学习，再经过不少于三天的短期集中培训，进一步提高升华，才能取得比较明显的成效。因此，尚未列为发展对象的入党积极分子和入党申请人，一般不宜参加短期集中培训。

【参考】《发展党员工作手册（新编本）》（党建读物出版社，2018 年 7 月重印）第 134 项。

277. 发展对象学习班的结业证书的有效期是多长时间？

《中国共产党发展党员工作细则》对发展对象学习班结业证书的有效期没有作出具体规定。发展对象在准备发展前才能参加学校党校组织的短期集中培训，因此在取得发展对象学习班结业证书后，应尽快完成入党手续。

根据共产党员网《党务知识之发展党员工作系列》中的解答：对参加短期集中培训考核合格但一年之内未被接收为预备党员的发展对象，党组织吸收其入党前，应组织其重新参加短期集中培训并考核。

【参考】《对发展对象进行入党前短期集中培训，党组织应做好哪些工作？》（共产党员网）。

278. 对发展对象进行政治审查的主要内容是什么？

党组织对发展对象进行政治审查的主要内容是：对党的理论和路线、方针、政策的态度；政治历史和在重大政治斗争中的表现；遵纪守法和遵守社会公德情况；直系亲属和与本人关系密切的主要社会关系的政治情况。

【参考】《中国共产党发展党员工作细则》（2014 年 5 月 28 日，中共中央办公厅）第十六条。

279. 对发展对象进行政治审查的基本方法是什么？

党组织对发展对象进行政治审查的基本方法是：同本人谈

话、查阅有关档案材料、找有关单位和人员了解情况以及必要的函调或外调。在听取本人介绍和查阅有关材料后，情况清楚的可不函调或外调。对流动人员中的发展对象进行政治审查时，还应当征求其户籍所在地和居住地基层党组织的意见。

【参考】《中国共产党发展党员工作细则》（2014 年 5 月 28 日，中共中央办公厅）第十六条。

280. 发展对象的哪些直系亲属需要进行政治审查？

直系亲属一般指发展对象的父母、配偶、子女，自幼抚养其长大的养父母和由其抚养的养子女。必须进行政治审查的直系亲属一般指发展对象的父母（养父母、继父母、抚养人）和配偶。

【参考】《发展对象的直系亲属一般是指哪些人？》（共产党员网）。

281. 对发展对象本人进行政治审查时，什么情况下需要函调或外调？

对发展对象进行政治审查时，经过党组织同发展对象本人谈话，查阅档案和其他有关材料，找本单位有关人员了解后，仍有某些重要情况不清的，可以向外单位的有关人员进行函调或外调。函调或外调的问题必须是与发展对象能否入党密切有关的。对与发展对象入党没有多大关系的问题和一些不必要搞清楚的细枝末节，不必进行调查。同时要注意，在搞清问题的前提下，尽量节约人力财力，凡函调能解决的，就不要派人外出调查。

【参考】《对发展对象进行政治审查时，什么情况下可以函调或外调？》（共产党员网）。

282. 哪些特殊情形需要进行函调?

为了更全面地对发展对象进行政治审查,清华大学规定,如有以下特殊情形,也需要进行函调:

(1)发展对象有一年以上在外单位工作经历且档案中无记载的,需要对该工作单位进行函调。

(2)发展对象超过半年的非在校学习经历,如在家学习准备考研、待业、休学等经历,需要向居住地党组织进行函调了解情况。

(3)发展对象的父母去世不超过10年的,仍需对去世的一方进行函调。

(4)父母离异也需要对父母双方进行函调,如有共同生活的继父母也需要对其进行函调。

【参考】《清华大学发展党员工作手册》(2015年1月,清华大学党委组织部)第二部分第13点。

283. 函调对象与发展对象长期失联,应如何进行政治审查?

函调对象(主要指直系亲属)与发展对象确实长期联系不上的,党组织应先了解清楚联系不上的原因。如果不是由于发展对象本人的问题造成的失联,可以由函调对象原工作单位或原居住地党组织出具相关材料说明无法取得联系的具体情况,以及失联前的政治情况、有无违法违纪行为等。

284. 发展对象的直系亲属为外国国籍或港澳台地区居民,如何进行政治审查?

发展对象的直系亲属中有外国国籍或港澳台地区居民的,党组织要同对其他发展对象一样,严肃认真地做好政治审查工作。发展对象要如实向党组织汇报外国国籍或港澳台地区直系亲属的有关情况。党组织要对发展对象本人及其直系亲属的政治历史情况进行认真了解和分析。政治审查时，在听取本人介绍、查阅有关档案材料、找有关单位和人员了解情况后，情况清楚的可不再进行函调或外调。如直系亲属虽然为外国籍或港澳台居民，但目前在国境内学习、工作或生活的，应当向其学习、工作单位或居住地党组织进行函调了解有关情况。

政治审查应注重个人一贯表现，发展对象同国境外亲属的正常往来，是党的政策所允许的，不应因此影响他们入党。

【参考】《基层党务工作实用手册》（党建读物出版社，2018年10月）第五篇。

285. 函调对象所在单位未建立党组织，应如何出具政审材料？

函调对象所在单位未建立党组织的，可先由所在单位出具函调对象基本情况的表现证明，加盖行政公章，然后提供给所在单位上级主管部门或居住地党组织，由单位上级主管部门或居住地党组织调查核实后，出具政审材料并盖党组织公章。

【参考】《党务工作500问》（党建读物出版社，2019年6月）第357问。

286. 发展对象以往工作单位因解散或其他原因无法出具政审材料，应如何处理？

发展对象以往工作单位因解散或其他原因无法出具政审材料的，可由该单位上级主管部门党组织出具党组织意见，并写明该工作单位无法出具政审材料的具体原因。对于确实无法联系到该单位上级主管部门党组织的，也可由发展对象当时居住地的党组织出具政审材料。

287. 发展对象曾出国（境）学习、工作，应如何对其在国外期间的经历进行政治审查？

出国（境）学习和工作人员回国后要求入党的，必须严格把好政治关。对他们进行政治审查时，要注意调查了解其在国（境）外期间的表现情况。主要了解其在国（境）外期间有无损害党和国家利益的行为，是否加入外国国籍或取得外国长期居住权等。

政治审查时，发展对象要向党组织如实汇报本人在国（境）外期间的思想、学习、工作等情况，提交书面报告并提供两名了解其在国（境）外情况的证明人，证明人需出具书面证明材料。

【参考】《基层党务工作实用手册》（党建读物出版社，2018年10月）第五篇。

288. 发展对象的直系亲属被判刑，发展对象还可以吸收入党吗？

对于发展对象的直系亲属被判刑的，党组织要具体情况具体分析，既不能不加分析，不看本人的现实表现，一概以本人家庭有问题为由拒绝吸收其入党；也不能未经认真考察了解，轻率地把他们吸收到党内来。对这些同志，如果经过较长时间考验、一贯表现较好，并且能正确认识被判刑的直系亲属所犯的错误，又确实具备党员条件，经党组织严格审查，可以吸收其入党。

【参考】《基层党务工作实用手册》（党建读物出版社，2018年10月）第五篇。

289. 综合政审报告要包括哪些内容？

政治审查情况应当形成结论性材料，即综合政审报告，其主要内容包括：（1）发展对象的基本情况；（2）个人简历；（3）发展对象提出入党申请情况，参加学校党校入党积极分子学习班与发展对象学习班的情况，确定为入党积极分子和发展对象的情况；（4）发展对象的现实表现与党员、群众意见征求情况；（5）发展对象在重大政治斗争中的表现，对党的路线、方针、政策的态度；（6）发展对象遵纪守法和遵守社会公德情况；（7）发展对象的政治历史情况，奖惩情况，直系亲属、与发展对象关系密切的主要社会关系的政治情况；（8）党支部对发展对象的入党动机、共产主义觉悟、是否已经具备入党条件等结论性意见；（9）党支部落款、党支部书记签名。

综合政审报告的形成时间应在发展会前三个月内，晚于函调材料落款日期，早于党委预审日期。

【参考】《中国共产党发展党员工作细则》（2014年5月28日，中共中央办公厅）第十六条；《发展党员工作手册（新编本）》（党建读物出版社，2018年7月重印）第109项。

三、预备党员的接收

290. 从列为发展对象到讨论接收预备党员一般要多久？

《中国共产党发展党员工作细则》对从列为发展对象到讨论接收预备党员的时间没有作出具体规定。这是因为，列为发展对象以后，党组织还要做好政治审查、短期集中培训、党支部委员会审查、党委预审等工作，这需要一定的时间。党委预审发展对象合格后，党支部一般应在一个月之内提交党员大会讨论接收预备党员事宜。

【参考】《发展党员工作手册（新编本）》（党建读物出版社，2018年7月重印）第135项。

291. 党支部在党委对发展对象预审之前需完成哪些工作?

在党委对发展对象预审之前,党支部委员会一般要做好以下工作:

(1)广泛征求党员和群众对发展对象的意见。

(2)由党支部书记或组织委员同发展对象谈话,进一步了解其对党的认识、入党动机以及其他需要了解的情况。

(3)召开党支部委员会,听取入党介绍人关于发展对象的情况汇报,对发展对象有关问题进行严格审查。

(4)经党支部委员会集体讨论,确认发展对象具备入党条件,手续完备后,报院(系)级党委预审。

【参考】《支部委员会在支部大会讨论发展对象入党问题前应做好哪些工作?》(共产党员网)。

292. 即将离开学习、工作单位的发展对象是否能接收为预备党员?

为切实保证发展党员的质量,发展对象未来三个月内将离开学习、工作单位的(含学生毕业,教职工离职,师生国外境外交流学习、交换、访问六个月以上等),一般不办理接收预备党员的手续。

【参考】《中国共产党发展党员工作细则》(2014年5月28日,中共中央办公厅)第十九条。

293. 党支部应该将发展对象的哪些材料报党委预审?

预审汇报时党支部应向党委提交的材料包括:(1)入党申请书、入党申请报告;(2)综合政审材料,函调、外调材料;(3)《入党积极分子考察登记表》及其他文字材料(如谈话记录、思想汇报、个人小结等）；（4）入党积极分子学习班结业证书、发展对象学习班结业证书。

【参考】《党支部应该将发展对象的哪些材料报基层党委预审？》（共产党员网）。

294. 党委对发展对象进行预审时应注意哪些问题？

对发展对象进行预审，原则上要经党委会讨论。预审时应注意了解发展对象入党动机是否端正、培养教育考察是否扎实有效、政治情况是否清楚、是否存在违纪违法行为、入党材料是否齐全、是否有弄虚作假的现象、群众反映是否好、先进性是否明显等等。审查结果应形成预审通知单，以书面形式通知党支部。

在高校，由于发展党员的数量较多，院（系）级党委可以成立发展党员预审小组，负责对发展对象的条件、培养教育情况等进行审查。

院（系）级党总支准备发展党员前要向学校党委汇报，由党委组织部具体负责预审。

【参考】《中国共产党发展党员工作细则》（2014年5月28日，中共中央办公厅）第十九条；《发展党员工作手册（新编本）》（党建读物出版社，2018年7月重印）第139项。

295. 发展党员预审小组应由哪些成员组成？

清华大学要求，发展党员预审小组的组长一般由院（系）级党委书记或主管副书记担任，其他成员由党委组织委员、组织员、学生组组长、研究生工作组组长、党建辅导员、研究生党建工作助理等组成。每次参加预审的成员不得少于3人。

【参考】《清华大学发展党员工作手册》（2015年1月，清华大学党委组织部）第三部分第15点。

296. 党委进行预审时发现入党材料有抄袭现象应如何处理？

清华大学严把党员发展质量关，明确要求入党申请书、思想汇报、入党申请报告和入党志愿等材料内容不得抄袭报纸、书刊、网络上的内容，材料之间不得相互照抄，不能弄虚作假。在预审时发现发展对象的入党材料有抄袭现象，院（系）级党组织应对发展对象本人及所在党支部进行严肃的批评教育，责成本人和所在党支部作出深刻检讨，并暂缓该发展对象的发展进程。情节严重者，应终止发展。院（系）级党组织和党支部应对入党材料严格审查、严格把关，坚决杜绝抄袭现象。

【参考】《清华大学发展党员工作手册》（2015年1月，清华大学党委组织部）第三部分第39点。

297. 发展对象的公示应注意哪些问题？

为加强对发展党员工作的民主监督，提高发展党员质量，入党积极分子被列为发展对象后，党支部应采取公示的形式，更广泛地听取各方面的意见。不同地区和单位公示的时间、方式等各不相同。按照北京市委的要求，公示对象为拟提交党支部党员大会讨论的发展对象。公示内容主要包括：（1）党支部拟讨论接收公示对象为预备党员的决定；（2）公示对象姓名、性别、年龄、文化程度、主要经历、所在岗位及职务、奖惩情况；（3）被确定为入党积极分子和发展对象的时间、政治审查及参加集中培训的情况，培养联系人、入党介绍人姓名；（4）公示起止日期；（5）基层党委（党总支）和党支部的联系电话、来信来访地址。

公示时间为7至10天。公示范围一般为公示对象工作、学习、生活所在单位或地区。公示形式一般为通过公告栏、宣传橱窗或内部网站张贴公告等形式向党员、群众宣布。

【参考】《发展党员工作手册（新编本）》（党建读物出版社，2018年7月重印）常用文书部分；《北京市委组织部关于推行发展党员公示制的意见》（京组发〔2005〕10号，2005年12月15日）。

298. 公示期间收到针对发展对象的举报，应如何处理？

北京市的具体做法是：公示工作由院（系）级党组织会同党支部组织实施，并对群众反映的问题进行调查核实。经调查确认不属实的公示对象，党支部可召开党员大会吸收入党；经调查核实属于一般性缺点、不足，不影响发展为党员的，可以按预定方案召开党员大会，并在上级党组织指派专人谈话时向发展对象指出存在的问题，督促改正；反映的问题性质比较严重，一时难以查实但又不能轻易否定的，或有一定问题尚不具备党员条件的，暂缓发展；经核实问题严重的，经上级党组织讨论，不予发展。

对调查核实结果的处理，要坚持实事求是、客观公正的原则，全面客观地评价公示对象，实事求是地做出决定。对公示中反映的问题，要允许公示对象作出说明或进行申辩。

对群众反映基层党组织不按程序和标准发展党员的，经调查核实后应迅速予以纠正，对直接责任人进行批评教育，情节严重的给予党纪处分。

对于实名举报，应在调查结束后将调查结果反馈给举报人。

【参考】《北京市委组织部关于推行发展党员公示制的意见》（京组发〔2005〕10号，2005年12月15日）。

299. 填写入党志愿书应注意哪些问题?

党支部将入党志愿书发给发展对象的同时,应教育发展对象要对党忠诚老实,不可以有任何隐瞒和造假,并将入党志愿书中各个栏目及其包含的内容解释清楚,严格按入党志愿书"说明"的要求填写。发展对象在填写入党志愿书前应先打好草稿,经党支部委员、入党介绍人或组织员审查后,再正式填写,尽量避免出现涂改。入党志愿书中的每一栏都要填写清楚,没有内容可以填的项目要写上"无"字,不能有空白,也不能画"/"。填写空间不足的项目可以另外附纸填写,且须在附件上注明是附属在哪个栏目的内容。

应注意的具体填写要求如下:

(1)"籍贯"填写本人的祖居地(指祖父的长期居住地),"籍贯"和"出生地"按现行政区划填写到县(市、区)。

(2)"学历"应填写本人已经取得的最高学历,如"高中""本科""研究生"(含硕士研究生毕业和博士研究生毕业)等,并注明"毕业""结业"或"肄业";"学位或职称"应填写已取得的最高学位("学士""硕士""博士")或最高专业技术职称。

(3)"单位、职务或职业"按实际情况填写单位、职务,无单位、职务的填写职业,学生应填写所在院(系)与班级。

(4)"现居住地"填写现固定居住的详细地点,学生应填写宿舍房间号。

(5)"入党志愿"栏应着重陈述本人对党的认识,实事求是地总结思想发展和变化过程,并表明入党的决心。主要内容应当包括五个方面。第一,对入党的态度,即"我志愿加入中国共产党"。第二,对党的认识,主要包括:对党的纲领和章程的认识,应明确认识到"党的最高理想和最终目标是实现共产主义";对党史的认识,尤其是亲身经历的重大历史事件;对党的领导和现行的路线、方针、政策的认识。第三,入党动机。应当写明端正入党动机的思想过程。第四,现实表现及优缺点。

要一分为二地看待优缺点，并逐一做出深入分析，要有发扬优点、改正缺点的决心和措施。第五，入党的决心。

（6）"本人经历（包括学历）"应如实详细填写，从上小学填起，起止年月前后要衔接。"在何地、何单位"要写全称。"任何职"应写明主要职务。参加电大、函大、夜大、职大、自学考试等学习的，都应填写；取得学位的在相应栏目中注明。在大学的经历，学生应填写所在班级的名称。"证明人"应填写最熟悉本人情况的人，或一同学习、工作过的人，一般不要填写亲属。

（7）"何时何地加入中国共产主义青年团""何时何地参加过何种民主党派或工商联，任何职务"和"何时何地参加过何种反动组织或封建迷信组织，任何职务，有何活动，以及有何其他政治历史问题，结论如何"中的"何地"，应填写到学习或工作的单位或乡镇、街道。

（8）"何时何地何原因受过何种奖励"中的"奖励"指凡受各级党政军机关、学校、厂矿企业事业单位正式表彰或授予各种荣誉称号的，均可以按时间顺序分别填写。要写明受奖励的时间、经何单位批准、获奖名称、享受待遇等。在大学的经历只填校级及校级以上奖励。

（9）"何时何地何原因受过处分"填写受到党纪、政纪、团纪处分或刑事处罚的情况。没有受过处分则填"未受过任何处分"，经组织复查被平反纠正的不需要填写。

（10）"家庭主要成员"指和本人有直接血缘关系或婚姻关系的直系亲属。已婚的要填写配偶情况，其他成员主要填写本人的父母（或继父母、抚养者）和子女，以及和本人长期在一起生活的家庭成员。填写关系书面语，如父子（女）、母子（女）、兄弟、姐妹、祖孙等。成员无工作的、务农、自由职业等，需写明现居住地。所填成员的居住地或单位应与出具函调的单位一致。若有去世成员需注明成员去世时间。父母离异的需注明离异及离异时间。

（11）"主要社会关系"指本人的旁系亲属，如配偶的父母、分居的兄弟姐妹、伯、叔、姑、舅、姨等。填写关系书面语，如叔侄、姑侄、舅甥、姨甥、堂（表）兄弟或姐妹等。老师、同学等一般不需要填写。

（12）"需要向党组织说明的问题"栏主要填写需要向党组织说明而在其他栏目中不好填写的问题，如有曾用名、发展对象与父母姓氏不一致、曾离异、亲属有重大政治问题或被判刑等问题。没有的应填写"无"。

（13）"本人签名或盖章"栏填写的落款日期不得晚于"入党介绍人意见"填写日期。

（14）入党介绍人在"入党介绍人意见"栏填写介绍人了解和掌握的发展对象的政治觉悟、思想品质、现实表现等情况。最后介绍人需明确表态，"我同意（愿意）介绍×××加入中国共产党"，不要用"推荐"等表述。对发展对象的缺点和不足，也应如实填写，不要以"希望""赠言"等方式代替。入党介绍人落款要写明党内职务，落款时间不得晚于发展会日期。

（15）党支部决议应该包括：

- 发展对象对党的认识，入党动机，理想信念，政治表现，工作、学习表现，群众基础；
- 发展对象主要优缺点和努力方向；
- 公示情况：公示期间无异议（如有异议，则如实填写意见反馈情况）；
- 票决情况：党支部党员大会应到和实到具有表决权的党员数、采取的表决方式、收到书面意见情况、表决结果等（要与票决表完全一致），本段表述可参照票决表的表述；
- 决议总结：经票决，同意接收×××同志为中共预备党员；

- 落款处需党支部书记本人手写签名，落款日期需填写党支部党员大会召开日期。

【参考】《发展党员工作手册（新编本）》（党建读物出版社，2018年7月重印）第147项。

300. 召开讨论接收预备党员的党支部党员大会应注意哪些问题？

（1）要保证出席人数。召开讨论接收预备党员的党支部党员大会，有表决权的党员即组织关系在党支部的正式党员（不含在留党察看期间党员）到会人数必须超过应到会有表决权人数的半数，否则不能举行；即使到会人数超过半数，但缺席人数较多，一般也应改期召开。只有三名正式党员的支部，正式党员不能缺席。

（2）发展对象本人必须到场参加党支部党员大会。

（3）党支部党员大会讨论接收预备党员时，介绍人一般不应缺席。如果有一位介绍人因特殊情况不能出席，需要在党支部党员大会召开之前，由该介绍人将发展对象的情况及对其能否入党的意见向党支部做出报告并提交书面意见，党支部党员大会方可召开。党支部党员大会上，须宣读该介绍人的书面意见。

（4）党支部党员大会可以邀请入党积极分子参加。

（5）党支部党员大会一次讨论的发展对象人数不宜过多，最多讨论三至四名发展对象的入党事宜。党支部党员大会一次讨论两个以上的发展对象入党时，必须逐个讨论和表决。

（6）与会党员采取无记名投票方式进行表决。因故不能到会的有表决权的正式党员，在党支部党员大会召开前向党支部正式提出书面意见的，应当统计在票数之内。赞成人数超过应到会有表决权的正式党员的半数，即可作出同意接收发展对象为预备党员的决议。

【参考】《中国共产党发展党员工作细则》（2014 年 5 月 28 日，中共中央办公厅）第二十、二十一条。

301. 召开讨论接收预备党员的党支部党员大会进行表决时，发展对象是否需要回避？

党支部党员大会讨论接收预备党员进行表决时，发展对象不必回避。有的同志担心发展对象在场会影响表决，或者本人不能正确对待。实践证明，只要做好工作，党内生活正常，这种担心是不必要的。如果发展对象不能正确对待不同意见或别人对自己的批评，党组织应对其进行教育帮助。

【参考】《党员实用手册（新编本）》（党建读物出版社，2018 年 1 月重印）第 79 项。

302. 召开讨论接收预备党员的党支部党员大会时，哪些人可不计入应到会党员人数？

经院（系）级党组织同意，并经党员大会通过，以下四种人员可以不计算在讨论接收预备党员的党支部党员大会应到会党员人数之内：

（1）患有精神病或因其他疾病导致不能表达本人意志的；

（2）出国半年以上的；

（3）年老体弱卧床不起和长年生病、生活不能自理的；

（4）毕业离校，工作调动，外出学习、工作或生活半年以上等，按规定应转走正式组织关系而没有转走的。

【参考】《党的基层组织制度建设工作手册（新编本）》（党建读物出版社，2019 年 3 月重印）第 80 项。

303. 进行投票表决时对监票人与计票人有什么要求?

监票人应为党支部有表决权的正式党员,计票人应为党支部的党员,监票人和计票人不得由发展对象的直系亲属担任。监票人、计票人不得互相兼任。监票人和计票人由党支部委员会提名,经党支部党员大会表决通过。监票人负责对投票表决全过程进行监督;计票人负责领取、发放、收回并清点、统计《接收预备党员表决票》。

304. 党委应指派哪些成员与发展对象进行谈话? 谈话内容包括哪些?

党委在审批前应当指派党委委员或组织员代表党委同发展对象谈话,作进一步的了解,以保证党委审批意见的准确性,同时有针对性地帮助发展对象提高对党的认识、端正入党动机。

谈话应主要了解发展对象的以下情况:(1)发展对象对党的认识;(2)发展对象的入党动机;(3)发展对象掌握党的基本理论和基本知识的情况;(4)发展对象在重大政治斗争中的表现情况;(5)发展对象积极要求入党的情况,目前的主要优缺点;(6)发展对象对党组织其他需要说明的问题。

此外,对公示期间群众反映的意见,经调查核实属实,但属于一般性缺点、不足的问题,在谈话时要明确地向发展对象指出,并督促改正。

【参考】《党务工作500问》(党建读物出版社,2019年6月)第379问。

305. 党委审批预备党员应注意哪些问题?

(1)各单位党委对党支部上报的接收预备党员的决议,应当在党支部党员大会讨论通过之日起三个月内审批。

(2)审批必须由党委会集体讨论表决。表决方式可采取举手表决或无记名投票表决的形式。要坚持党员标准，严格把关，一次党委会上审批预备党员人数不宜过多。

（3）审批意见要及时填入入党志愿书，并写清楚被批准的预备党员的预备期起止时间，同时通知报批的党支部。

【参考】《基层党务工作实用手册》（党建读物出版社，2018年10月）第五篇。

306. 预备党员的预备期从何时算起？

预备党员的预备期，从党支部党员大会通过他为预备党员之日算起，预备期为一年。如一名同志于2020年7月1日经党支部党员大会同意发展为预备党员，上级党委批准后，其预备期起止时间应为：从2020年7月1日起到2021年6月30日止。

【参考】《中国共产党章程》（2017年10月24日）第七条。

307. 党委超过规定期限未审批接收预备党员决议怎么处理？

党委对党支部上报的接收预备党员的决议超过三个月未予审批的，原报批党支部须经支部大会对发展对象进行复议并形成书面复议材料，然后再报党委审批。复议材料内容应包括复议原因、发展对象个人表现和复议表决结果等。如超过六个月未审批，原来的入党手续失效，须重新履行入党手续（包括重新出具综合政审材料、党支部委员会讨论、党委预审、重新填写入党志愿书、提交党支部党员大会讨论通过并作出决议、报党委审批等）。

这样规定，主要是为了保证新发展党员的质量。因为经过一段时间以后，发展对象的思想和表现可能会发生变化。同时，党章规定预备党员的预备期为一年，如果党委审批时间拖延过长，就等于缩短了预备期，必然会影响在预备期间党组织对预备党员的培养教育和考察。

【参考】《发展党员工作手册（新编本）》（党建读物出版社，2018 年 7 月重印）第 200 项。

308. 预备党员入党宣誓何时举行？

预备党员的入党宣誓，应在党支部党员大会通过并经上级党委批准接收为预备党员后及时举行。如条件不具备，可稍后一些时间，但不要拖得太久，一定要在预备期内进行。

【参考】《党支部工作手册（新编本）》（党建读物出版社，2019 年 3 月）第 193 项。

309. 举行入党宣誓仪式应按照什么程序？应注意什么问题？

入党宣誓仪式的程序一般为：

（1）奏（唱）国际歌。

（2）党组织负责人致辞。

（3）预备党员宣誓（宣誓人、领誓人面向党旗，一般举右手握拳，领誓人领誓）。

（4）参加宣誓的预备党员代表讲话。

（5）自由发言（参加宣誓仪式的人员都可发言）。

（6）党组织负责人讲话；如上级党组织派人参加，也应请其讲话。

根据实际情况，对以上程序也可作适当调整。

举行入党宣誓仪式一定要严肃认真。会场要布置得庄重、简朴、整洁，主席台正中悬挂党旗。预备党员宣誓时，面向党旗，举右手握拳过肩，宣读誓词。领誓人一般由党组织负责人担任，也面向党旗，站在宣誓人的前面或一侧，举起右手握拳过肩。宣誓仪式按程序进行，领誓人逐句领读誓词，宣誓人齐声跟读，态度要认真，声音要洪亮、激昂。领读完誓词，领誓人读到"宣誓人"时，参加宣誓的人员要依次报出自己的姓名。只要条件允许，宣誓仪式一定要在正式的场合举行，如在革命历史纪念馆、烈士陵园和英雄塑像前举行入党宣誓仪式时，也要悬挂党旗。

【参考】《发展党员工作手册（新编本）》（党建读物出版社，2018年7月重印）第215、216项。

310. 在本校发展入党、已离校的党员要求补办入党材料，应如何处理？

院（系）级党组织首先应核实其党员身份以及是否在本单位发展入党。经核实确认后，如党员要求补办的入党材料为应存入党员档案的材料，应积极配合提供相关证明材料并加盖党组织公章。如要求补办的入党材料并非当时规定应存入档案的材料，各单位如可以提供应给予配合，如无法提供可出具相关说明。

311. 在抢险救灾第一线发展党员应注意哪些问题？

（1）对在抢险救灾第一线递交入党申请书或向党组织提出入党申请的，有关党组织要及时找他们谈话，肯定他们要求进步的表现。同时，明确培养联系人，做好培养教育工作，并把他们在抢险救灾中的表现作为发展其入党的重要依据。对在抢险救灾第一线表现特别突出，本人一贯表现好、符合党员条件的，经党支部研究同意，报院（系）级党组织及学校党委组织部批准，可吸收其为预备党员。在其预备期间，有关党组织要根据实际情况，做好教育培训工作。

（2）已被党组织确定为入党积极分子，抢险救灾前党组织就对其进行过一段时间的培养教育，在抢险救灾第一线表现突出，已经具备党员条件的，如培养教育时间未满一年，经党支部研究同意，报院（系）级党组织及学校党委组织部批准，可吸收其为预备党员。在其预备期间,有关党组织要根据实际情况,做好教育培训工作。

【参考】《发展党员工作手册（新编本）》（党建读物出版社，2018 年 7 月重印）第 207、208、209 项。

312. 什么是党员的"政治生日"？党员过"政治生日"有哪些方式？

党支部党员大会通过接收申请人为预备党员之日即为党员的"政治生日"。一般来说，"政治生日"活动原则上应由党支部负责组织落实，在每位党员入党周年纪念日的当月或当季度内开展。活动形式应当突出政治性，在此前提下可以结合单位工作和党员实际需求来组织开展各具特色的活动。比如，重温一次入党誓词唤醒党员入党初心，组织一次集中学习帮助党员提高理论修养和实践本领，进行一次谈心谈话让党员及时发现不足并尽快改进完善，开展一次关爱行动传递党内关怀增强党员归属感，提供一次志愿服务进一步密切党群干群关系，等等。应当提醒的是，开展"政治生日"活动务必坚决防止形式主义、官僚主义倾向。

【参考】《"政治生日"是什么？你过过吗》（共产党员网）。

313. 如何处理未满 18 岁发展入党问题？

根据党章和《中国共产党发展党员工作细则》等党内有关规定，按照尊重历史、实事求是的原则，对未满 18 岁发展入党的，要具体情况具体分析。

对 2014 年 5 月《中国共产党发展党员工作细则》发布之后、未满 18 岁发展入党的，发现后应及时报学校党委组织部批准，对其党员身份不予承认。

对 2014 年 5 月《中国共产党发展党员工作细则》发布之前、未满 18 岁发展入党的，要具体分析具体处理：如果入党手续清楚，已经长期为党工作，具备党员条件的，可以承认其党员身份；如果入党手续不清楚，但已经长期为党工作，确实具备党员条件的，可以承认其党员身份，但应向有关党组织和党员本人指出错误，进行批评教育；如果不具备党员条件、现实表现不好的，不管入党手续是否清楚，均不承认其党员身份，并在党支部党员大会上公布。以上处理均须报学校党委组织部批准。

对党的历史上特别是在新中国成立前和新中国成立初期，由于历史原因或特殊情况，未满 18 岁加入党组织的，不能否认其党员身份，其入党时间和党龄按当时的规定认定。

【参考】《发展党员工作手册（新编本）》（党建读物出版社，2018 年 7 月重印）第 18 项。

四、预备党员的教育、考察与转正

314. 预备党员应在什么时候提出转正申请？

一般情况下，预备党员接近预备期满时就要撰写转正申请报告，在预备期满前交给党支部，不能拖到预备期满后再写。因特殊情况，不能按时提出转正申请的，应当在其预备期满后一月之内向党支部提出书面转正申请。

【参考】《发展党员工作手册（新编本）》（党建读物出版社，2018 年 7 月重印）第 229 项，《党员实用手册（新编本）》（党建读物出版社，2018 年 1 月重印）第 76 项。

315. 预备党员能否提前转正?

预备党员不能提前转正。按照党章规定,预备党员的预备期为一年。实践证明,这是对预备党员进一步教育和考察的比较适当的期限,时间短了难以起到预备期的作用。

预备党员在预备期间表现突出,说明其合格地经受住了党组织的考验,可以作为党组织决定其按期转正的依据。

【参考】《党员实用手册(新编本)》(党建读物出版社,2018年1月重印)第74项。

316. 转正申请报告应包括哪些内容?

预备党员预备期满前,应主动向党支部提出转为正式党员的申请,撰写转正申请报告。主要内容包括:(1)简要情况,说明入党日期、预备期满的日期和预备期间工作、学习发生的主要变化,并正式向党组织提出转正申请;(2)个人在预备期内的表现,按照党章中党员标准和党员义务,分别从思想政治、工作、学习、群众关系等方面对照检查,详细地总结自己在预备期内的表现,汇报党组织和党员同志在讨论自己入党时所指出的缺点的改进情况;(3)今后的努力方向,要进一步明确自己还存在哪些不足和缺点,努力方向要具体。此外,如果有入党时未向党组织说明的情况和问题,或在预备期中发生应当向党组织说明的问题,也要在转正申请报告中写明。

【参考】《发展党员工作手册(新编本)》(党建读物出版社,2018年7月重印)常用文书部分。

317. 预备党员预备期满未提出转正申请,党组织应如何处理?

对预备期满未向党组织提出转正申请的预备党员,党组织一方面要及时提醒他们，说明道理，提出要求。另一方面，要弄清原因，根据不同情况，进行教育和处理。对于信念动摇、不愿继续当党员的，或经党组织提醒仍不提出转正申请的，应取消其预备党员资格，并报院（系）级党委批准。

【参考】《发展党员工作手册（新编本）》（党建读物出版社，2018年7月重印）第232项。

318. 党支部召开讨论预备党员转正的党员大会前应做好哪些准备？

（1）党支部到所在党委借回该预备党员的入党志愿书。

（2）有党小组的，必须经过党小组讨论，提出初步意见。

（3）党支部征求党员和群众对该预备党员的意见，尤其是预备党员在预备期内的表现是否符合党员身份、是否充分发挥了先锋模范作用。

（4）党支部委员会审查。根据预备党员本人的转正申请报告，联系人的考察意见、其他党员和群众的意见，对照党员条件，综合分析研究该预备党员的情况，然后提出能否转正的意见，并起草党支部党员大会决议。对拟延长预备期或取消预备党员资格的，党支部委员会要慎重研究，在党支部党员大会讨论之前，要征求党支部内其他党员同志的意见，形成初步结论，并报院（系）级党组织同意。

【参考】《发展党员工作手册（新编本）》（党建读物出版社，2018年7月重印）第234、235项。

319. 党支部党员大会讨论预备党员转正的决议应包括哪些内容？

党支部党员大会讨论预备党员转正的决议内容主要包括：

预备党员在预备期的表现，对党支部党员大会接收其为预备党员时存在的缺点和不足的改正、提高情况，支部大会讨论的情况，党员应到、实到会议人数，表决结果，通过决议的日期，党支部书记签名等。

【参考】《发展党员工作手册（新编本）》（党建读物出版社，2018 年 7 月重印）第 236 项。

320. 党支部召开讨论预备党员转正的党员大会有哪些注意事项?

党支部一般应当在收到预备党员转正申请一个月内召开党员大会讨论其转正问题，遇寒暑假转正会可以顺延，但最长不能超过三个月。

讨论预备党员转正的党支部党员大会，对到会人数、赞成人数等要求与讨论接收预备党员的党支部党员大会相同。

有条件的，应在会场悬挂党旗。

【参考】《发展党员工作手册（新编本）》（党建读物出版社，2018 年 7 月重印）第 237 项。

321. 党支部党员大会讨论预备党员转正时，预备党员本人能否缺席?

预备党员预备期满，党支部党员大会讨论其转正问题时，本人必须参加，不能缺席。若预备党员因病长期离开工作岗位治疗或者休养，党组织可根据其病情，选择适当时机召开党支部党员大会讨论其转正问题，本人不能缺席。对于因事或身体原因不能参加党支部党员大会的，可延期讨论其转正问题。

【参考】《党员实用手册（新编本）》（党建读物出版社，2018 年 1 月重印）第 77、78 项。

322. 党支部超过规定期限未召开讨论预备党员转正的党员大会，应如何处理？

党支部超过规定期限尚未召开党员大会讨论预备党员转正的，上级党组织应责成党支部及时召开党员大会讨论预备党员转正问题。预备党员具备党员条件的，应按期转正，其转正时间自预备期满之日算起。

对因组织原因造成预备党员未能按时转正的，应对党支部及其负责人、直接责任人进行批评教育，情节严重的给予纪律处分。

【参考】《发展党员工作手册（新编本）》（党建读物出版社，2018年7月重印）第244项。

323. 党委审批党支部上报的预备党员转正决议时有哪些注意事项？

党委对党支部上报的预备党员转正的决议，应当在三个月内审批，否则需要党支部复议后再审批。

审批预备党员转正必须由党委会集体讨论、表决。一次党委会上如果同时审批两个以上的预备党员转正决议时，应当逐个审批。

党委审批后，应将审批结果及时填入入党志愿书相应栏（对按期转正者注明党龄起算日，延长预备期者注明延长预备期时间，取消预备党员资格者应将有关情况写清楚），并通知党支部。

【参考】《发展党员工作手册（新编本）》（党建读物出版社，2018年7月重印）第260项。

324. 党龄应该如何计算？

党员的党龄，从预备期满转为正式党员之日算起。党龄是指成为正式党员以后经过的年数，表示一个党员在党内生活和工作的实际经历。只有正式党员才计算党龄，预备党员虽有党籍，但不计算党龄。

【参考】《中国共产党章程》（2017 年 10 月 24 日）第七条。

325. 哪些情形下需要延长预备党员预备期？

预备党员预备期满后，仍不完全具备党员条件时，需要延长预备期继续考察教育的，一般有以下几种情况：

（1）入党时有某些缺点，在预备期间转变不明显，不完全具备党员条件，但本人愿意继续接受党组织的教育和考察，决心按照党员标准去做的；

（2）入党时基本具备党员条件，但入党后不能严格要求自己，在思想、工作、学习等方面出现一些缺点，经党组织指出后，愿意改正的；

（3）入党后犯了一般性错误，本人检查认识深刻，下决心改正错误的；

（4）入党后虽然一般表现尚好，但政治素质较差，党组织认为应该继续进行教育和考察的。

延长预备党员的预备期，同取消预备党员资格一样，都不是党的纪律处分，但必须经党支部党员大会讨论通过，并报上级党委批准。

【参考】《发展党员工作手册（新编本）》（党建读物出版社，2018 年 7 月重印）第 247 项。

326. 延长预备期的时间与次数有什么规定？

预备党员预备期满，需要继续考察和培养教育的，可以延长一次预备期，延长时间不能少于半年，最长不超过一年。

延长预备期的党员延长期满后，党支部应及时讨论其能否转为正式党员。经过延长期的教育和考察，具备党员条件的，可以转为正式党员；不具备党员条件的，应取消预备党员资格，不得再次延长预备期。

【参考】《发展党员工作手册（新编本）》（党建读物出版社，2018年7月重印）第251项。

327. 被延长预备期的党员，党龄如何计算？

被延长预备期的党员，其党龄自延长预备期满后转为正式党员之日算起。

【参考】《发展党员工作手册（新编本）》（党建读物出版社，2018年7月重印）第266项。

328. 对预备党员作出延长预备期的决议后，还要做好哪些工作？

对延长预备期的预备党员，党委应及时填写《延长预备期通知书》，并通知党支部。党支部应向其具体地说明延长预备期的原因，指出存在的主要问题和今后的努力方向，鼓励其克服缺点，继续进步，争取做一名合格的党员。

【参考】《发展党员工作手册（新编本）》（党建读物出版社，2018年7月重印）第262项。

329. 在预备期间，哪些情形下需要作出取消预备党员资格的决议？

（1）理想信念动摇，对党的理论和路线方针政策产生怀疑，不能认真贯彻落实的；

（2）违反党和国家有关政策、法规，或不执行党的决议，情节严重的；

（3）因触犯刑律或违反治安管理处罚法，受到刑事处罚或管制、拘役的；

（4）不履行党员义务，或思想落后、觉悟很低，经党组织教育帮助，没有继续进步要求的；

（5）在思想、工作、学习等方面，出现一些较严重的缺点，或犯有一般错误，经党组织批评指出后，拒绝检查改正的；

（6）犯有严重错误，或发现本人隐瞒了入党前的严重错误的；

（7）延长一次预备期后，仍无明显进步的；

（8）因理想信念动摇、不愿接受党纪约束等原因而提出退党、放弃转正的；

（9）由于其他原因，党组织认为应当取消预备党员资格的。

特别注意的是，取消预备党员资格，关系到预备党员的政治生命，一定要有事实根据，理由要充足。

【参考】《发展党员工作手册（新编本）》（党建读物出版社，2018年7月重印）第254项。

330. 预备党员在预备期间受到行政处分或刑事处理，还能转正吗？

预备党员在预备期间受到行政纪律处分，党组织在其预备期满讨论转正问题时，应根据本人所犯错误的性质和情节区别对待。如果错误严重，已丧失党员条件的，应取消其预备党员资格；如果属于一般性错误，行政纪律处分较轻，本人检查认识深刻，基本具备党员条件的，可酌情延长预备期；如果错误情节轻微，经过批评教育本人已改正错误，免予行政纪律处分的，可以按期转正。

预备党员在预备期间，因触犯刑律或违反《治安管理处罚法》，受到刑事处理的，应取消其预备党员资格。

【参考】《党员实用手册（新编本）》（党建读物出版社，2018年1月重印）第87、99项。

331. 预备党员预备期未满能否取消其预备党员的资格?

在一般情况下，应按期讨论预备党员的转正问题。但是，如果预备党员严重违犯党的纪律或触犯国家法律，已经丧失党员条件的，可以提前召开党支部党员大会讨论，通过取消其预备党员资格的决议，报上级党委批准后，宣布取消其预备党员资格。

【参考】《发展党员工作手册（新编本）》（党建读物出版社，2018年7月重印）第256项。

332. 预备党员被取消预备党员资格后还能入党吗?

预备党员在预备期满后被取消预备党员资格，不影响其以后入党。预备党员被取消预备党员资格的原因，是由于经过预备期的考察，尚不具备党员条件。取消预备党员资格不是党的纪律处分。曾经被取消预备党员资格的，只要其经过学习和实践的锻炼，提高了政治觉悟，确实改正了缺点、错误，迫切要求入党，经党组织考察，具备党员条件的，可以重新吸收其入党。

【参考】《党员实用手册（新编本）》（党建读物出版社，2018年1月重印）第97项。

333. 预备党员被取消预备党员资格后，入党志愿书应如何处理?

预备党员因不具备党员条件，经党支部党员大会讨论通过和上级党委批准取消预备党员资格后，应将有关情况在其入党志愿书中填写清楚，然后存入本人人事档案。无人事档案的，由所在党委保存。

【参考】《基层党务工作实用手册》（党建读物出版社，2018年10月）第五篇。

334. 党委超过规定期限未审批预备党员转正决议，应如何处理？

党委对党支部上报的预备党员转正的决议，应当在三个月内审批，否则需要经党支部党员大会复议后再进行党委审批（复议材料内容主要包括复议原因、预备期个人表现和复议表决结果等）。

对于因党委工作上的原因，拖延了审批时间的，应追究有关人员的责任。预备党员具备党员条件的，应按期转正。经党支部复议、党委审批同意转为正式党员的，其转正时间自预备期满之日算起。

因预备党员存在某些问题需要查清而拖延了审批时间的，要抓紧查清问题，再办理审批手续。一般情况下，党支部可不再重新讨论；问题比较严重的和超过规定期限较长时间的，由党支部复议后再报党委审批。同意转为正式党员的，其转正时间按党支部复议后形成党支部党员大会决议之日算起。

【参考】《发展党员工作手册（新编本）》（党建读物出版社，2018年7月重印）第261项。

335. 党委审批预备党员转正的意见与党支部党员大会决议不一致，应如何处理？

党委审批党支部报来的预备党员转正问题的意见，与党支部党员大会决议不一致时，要慎重处理。一般情况下，党委应先同党支部交换意见，取得共识。党委作出决定后，党支部必须坚决执行党委的决定，做好有关人员的思想工作，并及时在党支部党员大会上宣布党委的审批结果。

【参考】《发展党员工作手册（新编本）》（党建读物出版社，2018 年 7 月重印）第 263 项。

336. 因病休养的预备党员应如何进行转正？

预备党员因病长期休养，党组织要从政治上、思想上、生活上予以关心，并根据实际情况，通过适当方式对其进行教育和考察。预备党员本人也应定期向党组织汇报思想，在预备期满时，本人应主动向党组织提交书面转正申请。在病休期间，党组织主要考察其对党的信念、组织观念、对待疾病的态度等。在其预备期满时，党组织一般应按期讨论其转正问题。具备党员条件的，应按期转正；不具备党员条件的，可延长预备期或取消其预备党员资格。但不能因其长期休养，而影响讨论其转正问题。

【参考】《基层党务工作实用手册》（党建读物出版社，2018 年 10 月）第五篇。

337. 出国（境）学习、工作的预备党员回国后如何进行转正？

出国（境）人员中的预备党员，未加入外国国籍或取得过长期居住权的，回国后本人应书面向党组织提出恢复预备期的申请并汇报在国（境）外期间的情况。自党员向党组织提出书面申请之日起，要经过一年时间的考察，符合党员条件的，可以办理转正手续。恢复预备期的工作程序与恢复组织生活的程序相同。

【参考】《关于做好留学回国人员党员恢复组织生活工作的意见》（组通字〔2007〕27 号，2007 年 8 月 29 日）。

338. 预备党员因学习、工作等情况转出组织关系，除了开具组织关系转移介绍信外，转出的党组织应注意哪些事项？

预备党员因学习、工作等情况转出组织关系，如果预备期已满，转出单位党组织应在其调离前抓紧讨论转正问题。若因某些情况不能按时办理转正手续，转出单位党组织应向预备党员转入单位党组织说明情况，并请他们尽快办理转正手续。

对于预备期未满且要转出组织关系的预备党员，转出单位党组织应把对预备党员的培养教育和考察的情况形成书面材料，与发展材料一并转给接收预备党员的党组织，其转正问题由接收单位党组织讨论决定并办理手续。

【参考】《基层党务工作实用手册》（党建读物出版社，2018年10月）第五篇。

339. 预备期未满的预备党员转入新单位，接收预备党员的党组织应注意哪些事项？

接收预备党员的党组织应当对转入的预备党员的入党材料进行严格审查，如果缺少有关材料，现单位党组织应主动与原所在单位党组织联系。在审查入党材料时，对无法认定的预备党员，报学校党委组织部批准后，不予承认其预备党员的身份。

党支部对转入的预备党员要进行考察和教育。如果预备期满时转入党支部时间尚不足三个月的，为进一步了解预备党员的情况，保证预备党员培养教育和考察的质量，党支部应在其转入三个月后召开转正会，但是推迟时间最长不超过六个月。转为正式党员的，其转正时间自预备期满之日算起。

【参考】《发展党员工作手册（新编本）》（党建读物出版社，2018年7月重印）第242项。

340. 对新转入的预备党员查档时，发现入党手续不完备或入党材料缺失，应如何处理？

党组织经核查党员档案，发现新转入的预备党员入党材料缺失或入党手续不完备的，应及时与其原单位党组织或者上级党组织联系，辨别真伪，弄清楚原因。确属不熟悉有关规定或者工作程序上出现的失误，由原单位党组织按照发展党员工作的有关规定，补办手续和材料。确属采取不正当手段弄虚作假、伪造手续进入党内的，经党支部党员大会讨论通过并报上级党组织批准，取消预备党员资格。有关情况要及时报告学校党委，并通报原单位党组织。

【参考】《发展党员工作手册（新编本）》（党建读物出版社，2018年7月重印）第274项。

341. 已超过预备期未转正的预备党员转入新单位，现单位党组织应如何处理其转正问题？

已超过预备期未转正的预备党员转入新单位，现单位党组织应当向预备党员本人和原单位党组织了解有关情况。在调查了解的基础上，根据不同情况具体分析具体处理。

对于预备党员不具备党员条件、原单位党组织未对其办理转正手续的，现单位党组织应延长其预备期或取消预备党员资格，并报上级党委批准。

对因预备党员学习、工作所在单位发生变动或其他组织原因，造成预备党员超过预备期未转正的，现单位党组织应做好转入预备党员的接续教育和考察工作，一般应至少考察三个月。对具备党员条件的，及时为其办理转正手续，转正时间自预备期满之日算起。现单位党组织推迟讨论转正问题的时间不能超过六个月。

【参考】《发展党员工作手册（新编本）》（党建读物出版社，2018年7月重印）第270项。

342. 预备党员转正后，哪些材料需要放入党员档案保存？

预备党员转正后，有人事档案的，党支部应及时将其入党志愿书、入党申请书、政治审查材料、转正申请书和培养教育考察材料，交党委存入本人人事档案。其他入党材料由所在党委保存。

预备党员转正后，无人事档案的，应建立党员档案，将所有入党有关材料存入党员档案，由所在党委保存。

【参考】《发展党员工作手册（新编本）》（党建读物出版社，2018 年 7 月重印）第 273 项。

343. 不同时期发展的党员，入党时间和党龄如何计算？

党员的党龄应从预备期满转为正式党员之日算起。只有正式党员才有党龄，预备党员虽有党籍，但不计算党龄。

在我们党的历史上，有些时期有预备期，有些时期则没有预备期；有些时期入党时间从党支部党员大会通过之日算起，有些时期入党时间则从党委批准之日算起，情况不尽相同。因此，在不同的时期，党龄的计算就有了不同的情况。

（1）1921 年 7 月 1 日—1923 年 6 月 9 日，入党时间为上级党委批准之日，无预备期，党龄同时开始计算。

（2）1923 年 6 月 10 日—1927 年 4 月 26 日，入党时间为上级党委批准为预备党员之日，党龄从转正之日算起（转正之日等于入党时间加预备期，劳动者预备期三个月，非劳动者六个月）。

（3）1927 年 4 月 27 日—1928 年 6 月 17 日，工人、农民、手工业者、店员、士兵入党时间为上级党委批准之日，无预备期，党龄同时开始计算；知识分子、自由职业者入党时间为上级党委批准之日，党龄从转正之日算起，预备期三个月。

（4）1928 年 6 月 18 日—1945 年 4 月 22 日，入党时间为上级党委批准之日，无预备期，党龄同时开始计算。

（5）1945 年 4 月 23 日—1956 年 9 月 14 日，入党时间为上

级党委批准之日,党龄从转正之日算起。工人、苦力、雇农、贫农、城市贫民、士兵预备期六个月;中农、职员、知识分子、自由职业者预备期一年;其他人员预备期两年。

（6）1956年9月15日—1969年3月31日,入党时间为党支部党员大会接收为预备党员之日（须经上级党委批准）,党龄从转正之日算起,预备期一年。

（7）1969年4月1日—1977年8月11日,入党时间为上级党委批准之日,无预备期,党龄同时开始计算。

（8）1977年8月12日—1982年9月5日,入党时间为上级党委批准为预备党员之日,党龄从转正之日算起,预备期一年。

（9）1982年9月6日至今,入党时间为党支部党员大会接收为预备党员之日（须经上级党委批准）,党龄从转正之日算起,预备期一年。

【参考】《党务工作500问》（党建读物出版社,2019年6月）第404问。

党　费　工　作

一、党费的收缴

344. 党员交纳党费的基本要求是什么?

党员交纳党费的基本要求主要包括三个方面:

(1) 自觉。党员交纳党费应当做到自觉、主动。

(2) 按时。按照党章要求和有关规定,党员交纳党费一般应当按月交纳,不能无故拖延。如遇特殊情况,经党支部同意,可以每季度交纳一次党费。对无正当理由,连续六个月不交纳党费的,按自行脱党处理。

(3) 足额。党员交纳党费应当根据个人的实际收入,按照规定的比例和标准交纳。

【参考】《党费工作手册(新编本)》(党建读物出版社,2018年11月重印)第2项。

345. 党员应从何时开始交纳党费?

党员应从党支部党员大会通过其为预备党员之日起开始交纳党费。

【参考】《关于中国共产党党费收缴、使用和管理的规定》(2008年2月4日,中共中央组织部)第八条。

346. 党员交纳党费的基数是如何确定的？

按月领取工资的党员，每月以工资总额中相对固定的、经常性的工资收入（税后）为计算基数，按规定比例交纳党费。高校工作人员工资总额中相对固定的、经常性的工资收入包括：岗位工资、薪级工资、绩效工资、津贴补贴。

（1）列入交纳党费计算基数的津贴补贴是指根据国家关于规范津贴补贴的有关规定，对各地各单位干部职工普遍发放的规范津贴补贴（工作性津贴和生活性补贴）。

（2）绩效工资中的基础性绩效工资应列入党费计算基数，奖励性绩效工资不列入党费计算基数。

（3）党费计算基数不包括以下项目：个人所得税，养老保险、医疗保险、失业保险、工伤保险、生育保险、住房公积金（含个人和单位缴纳部分），职业年金、企业年金，住房补贴、交通补贴、公务用车补贴、通讯补贴、加班补贴、误餐补贴、取暖费、防暑降温费、物业费等改革性补贴，以及针对少数地区、部分单位、特殊岗位、部分人员发放的津贴补贴。

（4）实行年薪制人员党员，每月以当月实际领取的薪酬收入为党费计算基数。

（5）科研人员党员在促进科技成果转移转化中取得的奖励和报酬，不列入党费计算基数。

（6）离退休教职工党员交纳党费以基本离退休费或基本养老金为计算基数，不包括津补贴，生活确有困难的，经党支部研究同意，可以少交或免交。

（7）硕士研究生、博士研究生党员按学生党员标准交纳党费。

【参考】《关于中国共产党党费收缴、使用和管理的规定》（2008年2月4日，中共中央组织部）第一条；《中共中央组织部办公厅关于进一步规范党费工作的通知》（组电明字〔2017〕5号，2017年4月18日）第一部分。

347. 教职工党员交纳党费的比例是如何规定的?

在职教职工党员交纳党费的比例为:每月计算基数在 3000 元以下(含 3000 元)者,交纳计算基数的 0.5%;3000 元以上至 5000 元(含 5000 元)者,交纳 1%;5000 元以上至 10000 元(含 10000 元)者,交纳 1.5%;10000 元以上者,交纳 2%。

离退休教职工党员交纳党费的比例为:每月计算基数在 5000 元以下(含 5000 元)者,交纳计算基数的 0.5%;5000 元以上者,交纳 1%。

【参考】《关于中国共产党党费收缴、使用和管理的规定》(2008 年 2 月 4 日,中共中央组织部)第二、五条;《中共中央组织部办公厅关于进一步规范党费工作的通知》(组电明字〔2017〕5 号,2017 年 4 月 18 日)第一部分。

348. 学生党员每月应交纳多少党费?

学生党员(本科生及全脱产的研究生)每月交纳党费 0.2 元。在职人员就读硕士、博士按在职所在单位确定的党费标准交纳。

【参考】《关于中国共产党党费收缴、使用和管理的规定》(2008 年 2 月 4 日,中共中央组织部)第六条。

349. 没有经济收入的党员每月应交纳多少党费?

没有经济收入的、下岗失业的、依靠抚恤或救济生活的、领取当地最低生活保障金的党员,每月交纳党费 0.2 元。

【参考】《关于中国共产党党费收缴、使用和管理的规定》(2008 年 2 月 4 日,中共中央组织部)第六条。

350. 交纳党费有困难的党员如何申请少交或免交党费?

交纳党费确有困难的党员,由本人提出申请(因患病无法正常表达自己意愿的，也可由党支部提出），经党支部研究同意，报院（系）级党组织批准后，可以少交或免交党费。

【参考】《关于中国共产党党费收缴、使用和管理的规定》（2008年2月4日，中共中央组织部）第七条。

351. 党员每月交纳党费数额有上限吗？

党员每月交纳党费数额一般不超过1000元，根据自愿可以多交，自愿一次多交1000元以上的，比照交纳大额党费有关规定办理。

【参考】《中共中央组织部办公厅关于进一步规范党费工作的通知》（组电明字〔2017〕5号，2017年4月18日）第一部分。

352. 党员一次性多交纳1000元以上的党费应如何处理？

党员自愿多交党费不限。自愿一次多交纳1000元以上的党费，全部上缴党中央。具体流程是：由所在院（系）级党组织代收，并提供该党员的基本情况和现实表现，一并交给学校党委组织部（不能通过在线交纳、银行转账或邮局汇款的方式进行）。学校党委组织部通过省级党委组织部门转交中央组织部。中央组织部将给本人出具收据。

【参考】《关于中国共产党党费收缴、使用和管理的规定》（2008年2月4日，中共中央组织部）第十一条。

353. 留学回国党员经批准恢复组织生活后应如何补交党费？

留学回国党员经所在院（系）级党组织及党委组织部批准同意恢复组织生活后，需要补交党费至当月。

恢复组织生活前有工作或固定收入的党费补交标准，按同期国内在职职工党员交纳党费的标准执行；无工作或固定收入的党费补交标准,按国内学生党员交纳党费的标准每月 0.2 元执行。

【参考】《关于做好留学回国人员党员恢复组织生活工作的意见》(组通字〔2007〕27 号,2007 年 8 月 29 日)第九条。

354. 预备党员在党支部党员大会决定取消其预备党员资格后，上级党委批准以前，是否还要交纳党费？

预备党员在党支部党员大会决定取消其预备党员资格后，上级党委批准以前，仍要交纳党费。因为党支部党员大会的这一决定是否有效尚未确定，因此，只有在上级党委批准以后方可停止交纳党费。

预备党员在预备期间交纳党费，是预备党员应尽的义务。被取消预备党员资格后，所交党费不退还本人。

【参考】《党费工作手册（新编本）》（党建读物出版社，2018 年 11 月重印）党费收缴使用管理问答第 30、31 项。

355. 党员受党纪处分后是否仍要交纳党费？

受到警告、严重警告、撤销党内职务、留党察看处分的党员，仍然应按照规定交纳党费；受到开除党籍处分的党员，在党支部党员大会作出决议后，上级党组织审批期间，由于处分决定是否有效尚未确定，因此，仍应交纳党费，直至上级党组织对这一处分决定批准为止。

【参考】《党费工作手册（新编本）》（党建读物出版社，2018 年 11 月重印）第 32 项。

356. 院（系）级党组织党费上缴和留存的比例是多少？

根据北京市的有关规定，党员全年实交党费总数的 25% 上缴北京市，学校留存党员交纳党费的 75%。学校党委和院（系）

级党组织分别留存学生党员和在职教职工党员交纳党费的 40%
和 35%，分别留存离退休教职工党员交纳党费的 15% 和 60%。

【参考】中共北京市委组织部关于转发《中共中央组织部
印发〈关于中国共产党党费收缴、使用和管理的规定〉的通知》
的通知（京组通〔2008〕22 号，2008 年 4 月 2 日）。

二、党费的使用和管理

357. 党费使用的原则是什么？

党费使用的原则是统筹安排、量入为出、收支平衡、略有
结余。可以从以下三个方面来理解：

（1）注意统筹安排。各级党组织在使用党费时，要对党费
的使用范围进行统筹考虑，既不要顾此失彼，也不搞绝对平均。
要增强使用党费的计划性，使有限的党费发挥最大的效能。

（2）力求收支平衡。党员队伍规模的稳定性，决定了党费
收入具有的稳定性。因此，对每年能收缴多少党费要做到胸中
有数，安排全年的党费使用计划应该以本单位实际收缴和留存
的党费为依据，做到量入为出，大体平衡。院（系）级党组织
每年年初应做好党费预算，年底要做决算，每年要向基层党支
部和党员公布党费年度工作报告。

（3）应有适当结余。由于有的党费开支往往是无法预知的，
所以使用党费应当留有余地，不能全部花光。比如，应对突发
的自然灾害，这就要求各级党组织必须有一定的党费结余，以
备用于补助遭受严重自然灾害的党员和修缮因灾受损的基层党
员教育设施。这是党费使用和管理的一条基本要求。

另外，使用党费还应做到公开透明。

【参考】《党费工作手册（新编本）》（党建读物出版
社，2018 年 11 月重印）第 37 项。

358. 党费的使用范围包括哪些方面?

党费必须用于党的活动,主要作为党员教育经费的补充,其使用范围包括:

(1)教育培训党员和入党积极分子、基层党务工作者。

(2)开展"三会一课"、创先争优、党组织换届以及党内集中学习教育所产生的会议费等。

(3)订阅或购买用于开展党员教育管理的报刊、资料、音像制品和设备。

(4)表彰先进基层党组织、优秀共产党员和优秀党务工作者。

(5)慰问补助老党员、生活困难党员。

(6)补助遭受严重自然灾害的党员和修缮因灾受损的基层党员教育设施。

(7)党费财务管理中发生的转账手续费等相关费用。

(8)学校党委和院(系)级党组织每年在留存党费中向党支部划拨一定经费,主要用于党支部自主开展活动,具体使用办法参照上述规定。党支部要定期向党支部党员公布上级党组织划拨的活动经费使用管理情况。

使用党费必须符合以上规定,不能随意扩大党费使用范围,不符合规定的不得开支。特殊情况须报请学校党委批准后方可使用。

【参考】《关于中国共产党党费收缴、使用和管理的规定》(2008年2月4日,中共中央组织部)第十九条;《中共中央组织部办公厅关于进一步规范党费工作的通知》(组电明字〔2017〕5号,2017年4月18日)第二部分。

359. 对于教育培训党员和入党积极分子所需要的师资费有何规定?

党费用于对党员和入党积极分子进行政治理论、知识能力等方面的培训所需要的师资费，包括授课老师讲课费、住宿费、伙食费、城市间交通费等。

讲课费（税后）可参照以下标准：副高级技术职称专业人员每学时最高不超过 500 元，正高级技术职称专业人员每学时最高不超过 1000 元，院士、全国知名专家每学时一般不超过 1500元。讲课费按实际发生的学时计算，每半天最多按 4 学时计算。

【参考】《中央和国家机关培训费管理办法》（2016 年 12 月27 日，财政部、中共中央组织部、国家公务员局）第十条。

360. 表彰先进基层党组织、优秀共产党员和优秀党务工作者的物质奖励费用应按照什么标准？

《关于中国共产党党费收缴、使用和管理的规定》中指出，党费可以用于表彰先进基层党组织、优秀共产党员和优秀党务工作者，对于奖励标准没有作出具体规定。

党内表彰应以精神激励为主，实行分级分类管理，不提倡过高的物质奖励。各单位在确定物质奖励费用的标准时，一般可参考上级党组织的标准，按照本单位的工作惯例和传统确定。

【参考】《中国共产党党内功勋荣誉表彰条例》（2017 年 8 月8 日）第三条。

361. 补助生活困难党员、群众和老党员的补助金和慰问品应按照什么标准？

《关于中国共产党党费收缴、使用和管理的规定》中指出，党费可以用于补助生活困难的党员，对于补助标准没有作出具体规定。各单位在确定补助和慰问的标准时，一般可参考上级党组织的标准，按照本单位的工作惯例和传统、以及生活困难党员的具体情况确定。

362. 党费是否可用于组织党员、基层党务工作者观看演出、电影等?

党费可以用于组织党员、入党积极分子、基层党务工作者集体观看主旋律演出、电影和高水平展览,可报销门票费。

票据需注明演出、电影、展览的名称,报销时需附简要说明,包括演出、电影、展览的简介和观演人员名单等信息,党支部书记(如以党支部形式组织)和院(系)级党组织书记应对真实性、合规性审核把关。

【参考】《中共中央组织部办公厅关于进一步规范党费工作的通知》(组电明字〔2017〕5号,2017年4月18日)。

363. 党费年度工作报告应包括哪些内容?

党费年度工作报告的主要内容包括:上年度党费收缴、使用和结存的数额;党费开支的主要项目,党费收缴、使用和管理工作中的经验、存在的问题及改进的意见和建议等。

报告起草前应逐项核实党费收支项目,做到账款相符。报告经审议通过后,应通过会议传达、转发文件等形式,向本单位全体党员公布。

【参考】《党费工作手册(新编本)》(党建读物出版社,2018年11月重印)第57项。

364. 党费收缴、使用和管理情况的报告应包括哪些内容?

院(系)级党组织应当将党费收缴、使用和管理的情况作为党务公开的一项重要内容,在党员大会或者党员代表大会上,向大会报告(或书面报告)党费收缴、使用和管理情况,接受党员或者党员代表大会代表的审议和监督。

(1)报告的主要内容包括:党费收缴、使用和管理工作的基本情况(包括:任期内党员共交纳党费 × 元,上缴学校党委

× 元，本单位留存 × 元；任期内共使用党费 × 元，其中单位使用 × 元，党支部使用 × 元；自留党费的主要用途；累计结存党费 × 元等）；党费收缴、使用和管理工作中存在的问题、主要原因以及改进措施。

（2）报告材料的起草要坚持实事求是的原则，报告的内容要属实，提供的数据要准确；既要肯定工作成绩，又不回避存在的问题，同时要针对存在的问题，提出改进意见。

【参考】《党费工作手册（新编本）》（党建读物出版社，2018 年 11 月重印）第 55 项。

365. 党支部应多长时间向党员公布一次党费收缴和使用情况？

党支部应当每年至少向党员公布一次党费收缴和使用情况，由党支部书记在党员大会上向全体党员进行公布，接受党员监督。定期公布党费收缴和使用情况，既能提高党员交纳党费的积极性，还能及早发现、消除党费收缴和使用工作中出现的差错和问题。

【参考】《党务工作500问》（党建读物出版社，2019 年 6 月）第 498 问。

参考文献

一、党内制度文件

《中国共产党章程》（2017 年 10 月 24 日）

《关于新形势下党内政治生活的若干准则》（2016 年 10 月 27 日）

《中国共产党普通高等学校基层组织工作条例》（2021 年 4 月 16 日）

《党政领导干部选拔任用工作条例》（2019 年 3 月修订）

《党政领导干部考核工作条例》（2019 年 4 月 7 日）

《中国共产党基层组织选举工作条例》（2020 年 7 月 13 日）

《中国共产党支部工作条例（试行）》（2018 年 10 月 28 日）

《中国共产党党员教育管理工作条例》（2019 年 5 月 6 日）

《中国共产党党内监督条例》（2016 年 10 月 27 日）

《中国共产党纪律处分条例》（2018 年 8 月 18 日）

《中国共产党党内功勋荣誉表彰条例》（2017 年 8 月 8 日）

《中国共产党党徽党旗条例》（2021 年 6 月 26 日）

《中国共产党党员权利保障条例》（2020 年 11 月 30 日修订）

《干部人事档案工作条例》（2018 年 11 月 20 日）

《中国共产党全国代表大会和地方各级代表大会代表任期制暂行条例》（2008
年 7 月 16 日）

《2018—2022 年全国干部教育培训规划》（2018 年 11 月）

《2019—2023 年全国党员教育培训工作规划》（2019 年 11 月）

《县以上党和国家机关党员领导干部民主生活会若干规定》（2016年12月
　　23日）

《领导干部报告个人有关事项规定》（2017年2月8日，中共中央办公厅、
　　国务院办公厅）

《关于中国共产党党费收缴、使用和管理的规定》（2008年2月4日，中共
　　中央组织部）

《关于加强党员流动中组织关系管理的暂行规定》（1994年1月4日，中共
　　中央组织部）

《中国共产党党委（党组）理论学习中心组学习规则》（2017年1月30日，
　　中共中央办公厅）

《中国共产党纪律检查机关监督执纪工作规则》（2019年1月，中共中央
　　办公厅）

《纪检监察机关处理检举控告工作规则》（2020年1月21日，中共中央办公厅）

《中国共产党发展党员工作细则》（2014年5月28日，中共中央办公厅）

二、党中央、国务院及中央有关部门文件

《中共中央国务院关于加强和改进新形势下高校思想政治工作的意见》（中发
　　〔2016〕31号）

《中共中央组织部中共教育部党组关于印发普通高等学校院（系）党委会会议
　　和党政联席会议议事规则示范文本的通知》（教党〔2020〕51号，2020年
　　10月19日）

《关于推进"两学一做"学习教育常态化制度化的意见》（2017年3月，中共
　　中央办公厅）

《关于加强党政机关县（处）级以上领导干部出国（境）管理工作的意见》
　　（中办发〔1999〕23号，1999年6月26日）

《中共中央组织部关于进一步加强领导干部出国（境）管理监督工作的通知》
　　（组通字〔2014〕14号，2014年3月16日）

《关于加强和改进教学科研人员因公临时出国管理工作的指导意见》（厅字

〔2016〕17 号，2016 年 5 月 11 日）

《中共教育部党组关于加强新形势下高校教师党支部建设的意见》（教党
〔2017〕41 号，2017 年 8 月 1 日）

《中共中央组织部关于召开 2020 年度基层党组织组织生活会和开展民主评议党
员几个问题的通知》（组通字〔2020〕30 号）

《关于进一步加强党员组织关系管理的意见》（中组发〔2004〕10 号，2004 年
11 月 1 日）

《中共中央组织部关于做好高校毕业生党员组织关系管理工作的通知》（组通字
〔2015〕33 号，2015 年 7 月 23 日）

《中共中央组织部关于做好与党组织失去联系党员规范管理和组织处置工作的
通知》（中组发〔2016〕30 号，2016 年 12 月）

《关于做好处置不合格党员工作的通知》（中组发〔2014〕21 号，2014 年 8 月）

《关于做好留学回国人员党员恢复组织生活工作的意见》（组通字〔2007〕
27 号，2007 年 8 月 29 日）

《关于加强和改进流动党员管理工作的意见》（中办发〔2006〕21 号，2006 年
6 月 21 日）

《中共中央组织部办公厅关于规范党员佩戴党员徽章有关事宜的通知》（组厅字
〔2017〕25 号，2017 年 6 月 15 日）

《中央和国家机关培训费管理办法》（2016 年 12 月 27 日，财政部、中共中央
组织部、国家公务员局）

《中共中央组织部办公厅关于进一步规范党费工作的通知》（组电明字〔2017〕
5 号，2017 年 4 月 18 日）

三、北京市委及北京市委教育工委文件

《关于坚持和完善北京普通高等学校院（系）党组织会议和党政联席会议制度
的指导意见（试行）》（京教工〔2018〕38 号，2018 年 7 月 18 日）

《中共北京市委组织部中共北京市委教育工作委员会关于修订完善高校院（系）
党委会会议和党政联席会议议事规则的通知》（京教工〔2020〕85 号，

2020 年 12 月 8 日）

《北京普通高等学校党建和思想政治工作基本标准》（京教工〔2021〕50 号，
2021 年 7 月 16 日）

《关于评选表彰北京高校先进党组织优秀共产党员优秀党务工作者的通知》（京
教工〔2020〕33 号，2020 年 4 月 20 日）

《关于健全规范党支部主题党日制度的规定》（2017 年 9 月 5 日，北京市委组
织部）

《北京高校教学科研一线教师党支部书记考核激励办法》（京教工〔2018〕2 号，
2018 年 1 月 8 日）

《关于落实北京高校教学科研一线教师党支部书记考核激励办法的补充通知》
（2018 年 3 月 9 日，北京市委教育工委组织处）

《中共北京市纪委机关、中共北京市委组织部关于规范基层党组织纪律检查委
员设置的通知》（京组通〔2017〕44 号，2017 年 9 月 26 日）

《北京市委组织部关于推行发展党员公示制的意见》（京组发〔2005〕10 号，
2005 年 12 月 15 日）

中共北京市委组织部关于转发《中共中央组织部印发〈关于中国共产党党费收
缴、使用和管理的规定〉的通知》的通知（京组通〔2008〕22 号，2008
年 4 月 2 日）

《2020 年北京高校党内统计年报工作填报指南》（2020 年 12 月，北京市委教育
工委组织处）

四、其他资料

《基层党务工作手册》（人民出版社，2019 年 1 月修订）

《基层党务工作实用手册》（党建读物出版社，2018 年 10 月）

《党务工作 500 问》（党建读物出版社，2019 年 6 月）

《党组织选举工作手册》（党建读物出版社，2021 年 3 月）

《党的基层组织制度建设工作手册（新编本）》（党建读物出版社，2019 年 3 月
重印）

《学校党组织工作手册（新编本）》（党建读物出版社，2020 年 12 月）

《党支部工作手册（新编本）》（党建读物出版社，2019 年 3 月）

《党员实用手册（新编本）》（党建读物出版社，2018 年 1 月重印）

《发展党员工作手册（新编本）》（党建读物出版社，2018 年 7 月重印）

《党员组织关系管理手册》（党建读物出版社，2005 年 1 月）

《党费工作手册（新编本）》（党建读物出版社，2018 年 11 月重印）

《组工通讯》（中共中央组织部）

共产党员网等网站上的有关资料

五、清华大学文件

《清华大学关于加强和改进新形势下思想政治工作的实施意见》（2017 年 4 月
　　12 日，清华大学党委）

《中共清华大学委员会理论学习中心组学习规则》（2017 年 8 月 4 日，清华大
　　学党委）

《清华大学院（系）级单位党委（直属党总支）工作职责规定》（2018 年 9 月
　　23 日，清华大学党委）

《清华大学院（系）党委（直属党总支）会议规则（试行）》（2018 年 9 月 23 日，
　　清华大学党委）

《院系（教学科研单位）党建工作评价体系（2020 年）》《二级单位（非教学科
　　研单位）党建工作评价体系（2020 年）》（2020 年 7 月 9 日，清华大学党委）

《校党委委员、各单位党委（直属党总支）委员联系基层党支部工作实施办法》
　　（2019 年 3 月 18 日修订，清华大学党委组织部）

《清华大学教职工党支部工作规定》（2019 年 3 月 13 日，清华大学党委）

《清华大学党支部工作评价指标体系（试行）》（2019 年 1 月 9 日，清华大学党
　　委组织部）

《清华大学党支部命名规则（试行）》（2015 年 12 月 3 日，清华大学党委组织部、
　　学生部、研究生工作部）

《关于进一步做好党支部委员选配工作的通知》（2019 年 6 月 11 日，清华大学
　　党委组织部）

《关于在全校党支部中规范党小组设置的实施办法》(2017年9月5日,清华
　　大学党委组织部)

《清华大学非全日制研究生临时党支部工作实施细则》(2020年9月8日修订,
　　清华大学党委研究生工作部)

《关于发放在职教职工党支部书记激励补贴的说明》(2018年12月29日,清
　　华大学党委组织部)

《清华大学发展党员工作手册》(2015年1月,清华大学党委组织部)

《关于进一步做好党员组织关系规范管理工作的实施办法》(2020年9月8日,
　　清华大学党委组织部)

《关于实行党员活动日制度和组织生活考勤通报制度的通知》(2017年7月24
　　日,清华大学党委组织部)

《关于评选表彰先进党组织、优秀共产党员、优秀党建与思想政治工作者及对
　　从事党务工作30年以上的党务工作者进行年功表彰的通知》(2021年4
　　月8日,清华大学党委办公室、党委组织部)

《清华大学组织员队伍管理办法(试行)》(2017年11月27日,清华大学党委)

《关于申请建设"党员之家"的通知》(2017年3月30日,清华大学党委组织部)

《清华大学校管干部选拔任用工作办法(试行)》(2020年9月22日,清华大
　　学党委)

《清华大学聘任制干部管理办法》(2020年12月2日,清华大学党委)

《清华大学处级以上干部因私出国(境)管理办法》(2015年12月28日,清
　　华大学党委)

《清华大学校管干部兼职管理规定》(2017年8月29日,清华大学党委)

《2019—2022年清华大学干部教育培训实施方案》(2019年7月,清华大学党
　　委组织部)

二级单位换届工作培训资料(2020年9月,清华大学党委组织部)

《关于规范院(系)所属系(所、中心)等单位换届工作的指导意见》(2018
　　年11月28日,清华大学党委组织部)

致 谢

　　本书编写过程中，得到了各位领导、同行的大力支持。在三轮内部试用的过程中，收到校内各单位组织员 200 余条修改建议，这里表示衷心感谢。感谢校党委副书记、纪委书记李一兵的关心和鼓励，他基于 30 多年的组织工作经验，为本书提供了大量、宝贵的指导意见。离退休工作部部长曹海翔、学生部部长白本锋，从部门工作角度给出建议，丰富了本书内容。基于本书，我们正在开发智能问答机器人，并初见成效，这得益于计算机系党委书记刘奕群的建议和大力支持。自动化系古槿、公管学院周绍杰、书院管理中心朱德军、长庚医院王克霞、研究生工作部徐鹏积极参与征求意见座谈会，他们提出了很多重要、中肯的意见建议。组织部康妮、李峰和徐特威结合工作实际对部分题目的解答进行了规范性修改。

　　感谢北京市委教育工委组织一处、特别是处长李丽辉的关心和支持；感谢北京大学、北京师范大学等兄弟高校党委组织部门有关同志的建议。

　　本书在出版过程中，得到了清华大学出版社的大力支持，由衷感谢。

　　在此，谨对所有给予本书支持的单位和个人表示衷心感谢。

本书编写组

2021 年 10 月